Pe. JÚLIO J. BRUSTOLONI, C.Ss.R.

VIDA DE SÃO ROQUE

*Peregrino de Deus
e herói da caridade*

DIREÇÃO EDITORIAL:
Pe. Fábio Evaristo R. Silva, C.Ss.R.

REVISÃO:
Bruna Vieira da Silva

COORDENAÇÃO EDITORIAL:
Ana Lúcia de Castro Leite

DIAGRAMAÇÃO E CAPA:
Bruno Olivoto

COPIDESQUE:
Sofia Machado

Dados Internacionais de Catalogação na Publicação (CIP)
(Câmara Brasileira do Livro, SP, Brasil)

Brustoloni, Júlio, 1926
    Vida de São Roque: peregrino de Deus e herói da caridade / Júlio J. Brustoloni. – Aparecida, SP: Editora Santuário, 1992.

    ISBN 85-7200-107-7

    1. Roque, Santo, 1295-1327 I. Título.

92-1870   CDD-282.092

Índices para catálogo sistemático:
1. Santos: Igreja Católica: Biografia e obra 282.092

8ª impressão

Todos os direitos reservados à **EDITORA SANTUÁRIO** – 2019

Rua Pe. Claro Monteiro, 342 – 12570-000 – Aparecida-SP
Tel.: 12 3104-2000 – Televendas: 0800 - 16 00 04
www.editorasantuario.com.br
vendas@editorasantuario.com.br

APRESENTAÇÃO

A vida de São Roque é uma página aberta do Evangelho; aberta pela fé profunda de seus pais, João e Líbera, que souberam educá-lo nos princípios cristãos, e vivida por ele à risca no cumprimento do mandamento do amor. Sentiu-se chamado para o seguimento de Cristo ao ler no Evangelho a passagem do jovem rico; à parábola do Bom Samaritano, propôs-se servir os empestados, e por fim entra no Jardim das Oliveiras, onde se identifica com seu Mestre e Senhor no sofrimento e na morte.

Consciente de sua vocação cristã de doação aos irmãos, Roque propõe-se seguir o mandamento novo em uma época em que a sede do poder e das riquezas havia contaminado grande parte dos cristãos e até, mesmo, a hierarquia da Igreja. Renunciando à nobreza e aos bens da família, ele quer dar testemunho do Evangelho, servindo os irmãos.

As páginas de sua vida merecem ser lidas e meditadas porque refletem as páginas do Evangelho. Serão úteis aos cristãos de hoje

VIDA DE SÃO ROQUE

que, atraídos pela busca desenfreada e egoísta dos bens de consumo e pela sede do poder, se esquecem de seus irmãos marginalizados.

É a vida de um herói, de um modelo, de um santo. Roque é tudo isto: um herói da caridade, um modelo de doação, um santo que amou a Cristo acima de tudo. E os heróis, os ídolos – no sentido nobre da palavra – existem para despertar no povo entusiasmo e emulação. Querer ser igual ao seu herói ou ídolo é a aspiração de muitos; seguir um exemplo de vida cristã é o dever do cristão. São Paulo Apóstolo pedia aos cristãos das primitivas comunidades que fossem seus imitadores, como ele mesmo era imitador de Cristo (1Cor 4,16). Daí ser muito oportuno, sobretudo nos dias de hoje, divulgar a vida daqueles cristãos que se dedicaram inteiramente ao amor de Cristo e dos irmãos.

Além de serem eles intercessores nossos junto de Deus, a quem podemos invocar em nossas necessidades temporais e espirituais, são modelos para nossa vida cristã. Que estes exemplos da vida de São Roque possam aproximar você mais e mais de Cristo.

O autor

1
PERFIL HISTÓRICO

Roque, o nobre e rico francês de Montpellier, quis ser santo, mas sem milagres e sem altar. Desejava somente assemelhar-se a Cristo e servi-lo na pessoa do pobre e do doente. Conseguiu fazê-lo tão perfeitamente que se identificou com eles suportando sua dor e seu isolamento. Disso nasceu sua santidade que alcançou muitos milagres em favor dos empestados e, por fim, a glória do culto dos altares.

O povo lhe deu a glória da qual sempre fugira; cercou-o de fama que renunciara abandonando o castelo paterno e suas riquezas, envolveu-o na luz resplandecente dos mitos e das lendas religiosas. Separando os fatos reais dos mitos e das lendas, podemos apresentar a história de sua vida como um roteiro de amor a Cristo e aos irmãos.

A certeza do que temos a respeito dele é o que segue:

Sabemos que São Roque nasceu na França, pelos fins do século treze ou início do quator-

VIDA DE SÃO ROQUE

ze, de pais nobres e cristãos. Perdendo os pais ainda jovem, renunciou à nobreza e distribuiu seu rico patrimônio aos pobres para tornar-se pobre e peregrino como Cristo. Aos 20 anos saiu ocultamente de sua cidade, dirigindo-se a Roma e à Terra Santa em peregrinação de penitência. Durante a viagem, a cerca de 100 quilômetros de Roma, deparou com a peste negra que assolava a cidade de Acquapendente. Interrompeu sua peregrinação e se pôs à disposição dos empestados, tratando suas chagas, consolando-os e curando-os em nome de Jesus.

Após livrar aquela cidade da epidemia, ia reiniciar sua caminhada para Roma, quando lhe chegam notícias alarmantes sobre a devastação que a peste fazia entre as populações da Província da Romanha. Dirige-se imediatamente para as cidades de Cesena e Rimini, lutando contra a doença com suas preces e penitências, com seu trabalho e milagres.

Depois de prestar seus serviços de caridade àquelas cidades, enfim se pôs a caminho pela Via Flamínia em direção a Roma, meta de sua peregrinação. Encontra o povo da cidade em pânico por causa da peste. Não duvida em

1 • PERFIL HISTÓRICO

cuidar primeiro dos empestados e só depois cumprir o voto de visitar os lugares santos da cidade. Não encontrando o Papa, rezou sobre o túmulo de Pedro pela paz e união da Igreja. Permaneceu na Cidade Eterna três anos, quando se pôs a caminho de volta à pátria.

Em Placência (Piacenza) encontra novo foco da doença e, no cuidado dos empestados, ele também contrai a peste negra. Para não ser pesado a ninguém, e com o fim de se tratar, retirou-se para um bosque, situado à beira de uma nascente. Curado miraculosamente por Deus e miraculosamente alimentado por um cão, o nosso santo tomou o caminho para a última e derradeira etapa da caminhada de volta a sua cidade de Montpellier.

Após oito anos de peregrinação e de doação aos irmãos doentes, Roque deixa a Itália, que se tornará sua pátria como santo protetor contra as epidemias. Chega a Montpellier como migrante desconhecido. Tomado por vagabundo e espião, foi encarcerado por cinco longos anos. Morreu no cárcere com 32 anos de idade. Só então foi reconhecido como filho da terra, da nobre família Rog, e seus conterrâneos lhe tributaram honra e veneração.

VIDA DE SÃO ROQUE

Em 1485, a maior parte de suas preciosas relíquias foram transferidas para Veneza, onde a Irmandade, instituída sob seu patrocínio, construir-lhe-ia a mais célebre igreja. Aquela cidade foi o foco de irradiação de sua devoção e de seu culto para o mundo inteiro. A República de Veneza, rainha dos mares, contribuiu poderosamente para elevar o nome, o culto e a glória de São Roque.

2
MONTPELLIER, SUA CIDADE NATAL

São Roque nasceu em terras francesas, no sudeste da França, não distante da afamada Costa Azul do Mediterrâneo, na bela cidade de Montpellier, rica de história religiosa, civil e artística. Está situada à margem do Rio Lez, a 10 quilômetros do mar. É hoje centro de uma rica região vinícola, com intenso comércio de frutas, vinho e de produtos têxteis e químicos.

Montpellier – Mons Pessulanus para os romanos – foi um importante acampamento de conquista e expansão do Império Romano. A cidade alcançou a independência da rival Miguelone no ano 1000, conhecendo depois séculos de esplendor e riqueza. Foi capital do Languedoque. Em 1204, passou para o domínio de Aragão e, em 1349, voltou a pertencer à França. Possui uma artística catedral do século XIV, célebre universidade, fundada em 1160, com faculdades de medicina, farmácia,

VIDA DE SÃO ROQUE

direito canônico e civil, ciências e botânica. Sobressaiu como centro de cultura, mas sobretudo de fé cristã, lutando, em 1600, contra os hereges albigenses.

A cidade recebeu privilégios dos papas que, durante 70 anos, residiram em Avinhão. Dizem que São Francisco de Assis e Santo Antônio de Pádua pregaram na cidade, deixando, naquela comunidade, a semente do despojamento que Roque faria em favor dos pobres mais tarde. Sua família governou a cidade por muitos anos.

Montpellier foi pátria de homens ilustres como Augusto Comte, mas sua maior glória, sem dúvida, foi ter sido berço de São Roque. Restam, hoje, poucos sinais da nobreza de sua família, a não ser o nome de uma rua e de uma praça na cidade velha. Mas permaneceu intacta a memória de seu glorioso filho Roque, que espalhou por todas as partes do mundo suas virtudes e amor aos pobres. Em milhares de outras cidades do mundo, Montpellier é lembrada como terra natal de São Roque.

3
NASCIDO NOBRE E RICO

Sua família pertencia à nobreza e fazia parte do governo de Montpellier. Era profundamente cristã. O pai chamava-se João Rog e a mãe fora batizada com o nome de Líbera. Durante muitos anos, após seu casamento, eles curtiram a solidão do palácio por falta de um herdeiro para suas terras e para seu nome e nobreza. Embora pertencessem à classe dominante, a família era realmente piedosa, cumprindo todos os deveres da justiça e da caridade cristãs. Temiam a Deus e procuravam servi-lo. Implorando um filho a Deus, conseguiram-no com o nascimento de Roque, em 1295. Embora o filho não desse continuidade ao castelo, às terras, ao nome e à nobreza, Roque perpetuou a nobreza cristã de seus pais pela dedicação inteira e amorosa aos desafortunados dos bens da terra. O menino foi a herança mais gloriosa que Deus deu aos piedosos pais João e Líbera Rog.

A história silencia sobre sua adolescência e juventude; nem mesmo as lendas com místicas

VIDA DE SÃO ROQUE

atitudes, como aconteceu com outros santos. Sabemos, porém, que ele adquiriu a sabedoria da fé e cultura, necessárias para a vida. Seu biógrafo, com quem nos acertamos para compor esta obra, Monsenhor Hermenegildo Fusaro, reitor do santuário de São Roque, da cidade de Veneza, afirma que ele com toda certeza cursou as escolas de sua cidade, especialmente a famosa faculdade de medicina, que ainda hoje goza de renome na Europa. Sem dúvida, esse estudo não foi inútil para seu futuro apostolado entre os doentes e empestados: com a luz da ciência, com o fogo da caridade e o poder da cruz, ele vencerá as epidemias.

Tendo perdido os pais e atingido já a idade de 20 anos, ele deveria assumir a direção do palácio e das terras e administrar as muitas famílias que trabalhavam para ele. Lembrou-se então da passagem do Evangelho quando Cristo fizera um apelo ao jovem rico que lhe pedira o que deveria fazer para ser perfeito. Foi um apelo íntimo que Roque não recusou. Cumpriu também com mais perfeição as recomendações que, pouco antes, o pai moribundo lhe deixara no leito de morte. Fazendo-o herdeiro e administrador do Senhorio de Console, o pai

3 • NASCIDO NOBRE E RICO

lhe recomendara estes quatro mandamentos: primeiro, será sempre e continuamente imitador de Jesus Cristo; segundo, será caridoso e compassivo para com os pobres, as viúvas e os órfãos; terceiro, fazerá bom uso de sua herança da qual será herdeiro e administrador; quarto, visitará frequentemente os lugares pios e os hospitais onde se encontram os pobres, membros sofredores de Cristo.

Diante do apelo de Cristo e desses conselhos de seu próprio pai, Roque preferiu a opção total pelo Reino, abandonando o mundo e suas riquezas para abraçar a pobreza evangélica. Distribuiu seus bens entre os pobres e os trabalhadores de suas terras para poder seguir a Cristo e servi-lo na pessoa de seus irmãos. Sozinho ele não poderia mudar as estruturas da sociedade feudal de seu tempo, mas quis dar um exemplo de partilha. Quis realizar a opção radical que o Evangelho lhe apresentava para ser perfeito: "Se quiser ser perfeito, vá, vende tudo o que possui, dê o dinheiro aos pobres e você terá um tesouro guardado no céu; depois, venha e siga-me" (Mt 19,21).

Nem todos são chamados para essa opção radical pelo Reino, mas todos estão obrigados a dar

VIDA DE SÃO ROQUE

testemunho do Evangelho praticando a justiça e o amor fraterno. Todos estão sendo chamados para fazer bom uso de seus bens para poderem fazer o bem. Ou como pensava o escritor Manzoni: "se invece di star bene, ognuno pensasse a far bene, si arriverebbe a star tutti meglio" – Se em lugar de querer estar bem, cada um procurasse fazer o bem, todos chegariam a estar melhor.

Após esse gesto de despojamento pelo Evangelho e pelo Reino, Roque se propõe, levado por um íntimo pressentimento, a tornar-se peregrino. Toma a veste de penitente e o bordão de viajante e parte para dar aos homens de seu tempo um exemplo de amor desprendido. Com gestos e palavras quer ser um apelo em favor do Reino.

E seu biógrafo Fusaro conclui: "Roque, para espanto de seus concidadãos, renuncia ao título, à dignidade e aos cargos de sua nobreza, confiando-os a seu tio Bartolomeu. Distribui, em seguida, aos pobres tudo o que lhe pertencia do rico patrimônio e, saudando pela última vez a imagem de Nossa Senhora dos Milagres, livre e puro, deixa às ocultas a cidade e se dirige a Roma e à Terra Santa, por meio da Itália.

Era o ano de 1315; Roque tinha 20 anos".

4
SITUAÇÃO DA IGREJA
EM 1300

A Igreja já passara por um surto de renovação com São Francisco de Assis (1182 a 1226), que propunha o autêntico espírito evangélico da pobreza diante das vaidades e riquezas da sociedade de seu tempo; com São Domingos de Gusmão (1170 a 1221), que confirmou a fé dos cristãos contra os hereges pela renovação da pregação do Evangelho. Foram dois profetas do Evangelho que percorreram cidades e vilas com um novo estilo de vida cristã com imensos benefícios para o povo cristão.

Na época de São Roque, 1295 a 1327, a Igreja vivia em uma situação deplorável, pesava sobre ela a luta entre o Papado, o Império e o Reino da França. As divisões e a luta pelo poder contaminaram também o Sacro Colégio dos Cardeais, e os papas deixaram a sede de Roma e se estabeleceram na cidade de Avinhão, situada no sudeste francês, próxima de Montpellier. Roma era o teatro das

VIDA DE SÃO ROQUE

mais acirradas lutas políticas, das quais não estavam excluídos os eclesiásticos e a própria corte do Papa. Houve cisma na Igreja.

Em 1304, morria santamente o Sumo Pontífice Nicolau de Bocassini de Treviso, o bem-aventurado Bento XI, e no ano seguinte foi eleito, na França, em um conclave trabalhoso e cheio de interferências políticas de governantes, como papa, o arcebispo de Bordéus, D. Bertrand de Got, com o nome de Clemente V (1305 a 1314). O novo papa, em vez de atravessar os Alpes e ocupar sua sede em Roma, estabeleceu-a na cidade de Avinhão, onde levantou palácios, corte e fortalezas. Durante 70 anos os papas residiram naquela cidade francesa e quando, cerca de 1320, São Roque se dirigiu a Roma em peregrinação, não encontrou o chefe da Igreja, mas apenas um cardeal, vítima da peste negra.

Após a eleição de Clemente V, os cardeais insistiram com ele para que fosse a Roma e de lá governasse a Igreja. Em Roma, o Barco de Pedro estava sendo batido pelas ondas tempestuosas das divisões e discórdias dos governantes e da corte pontifícia. A divisão era evidente, e prova evidente de que o espírito cristão – a máxima do amor fraterno e da união – não era mais vivido pela

4 • SITUAÇÃO DA IGREJA EM 1300

grande maioria dos dignatários da Igreja e dos governantes. Clemente V foi irredutível e, permanecendo em Avinhão, começou o mais funesto período da história da Igreja, chamado "escravidão de Avinhão", que se prolongou até 1377.

Aquele Pontífice chegou a convocar o Concílio Ecumênico XV, em 1311, na cidade de Vienne, situada a 20 quilômetros de Lião, onde as injunções políticas dos governantes desvirtuaram sua finalidade e teve como consequência apenas a condenação da Ordem dos Templários, que após o fim das Cruzadas, tinha-se retirado para a França. Com seu sucessor, o papa João XXII (1316 a 1332), veio à tona novamente a antiga disputa entre o papado e o imperador sobre quem detinha o supremo poder no mundo. Essas lutas no seio da Igreja e na sociedade civil, a prepotência dos senhores feudais, que eram donos das terras e do poder, foram causa da miséria do povo. E, para maior sofrimento, as pestes afugentavam as populações das cidades e dizimavam-nas com dolorosa morte.

Entre os cristãos, as heresias faziam suas vítimas, afastando o povo da doutrina do Evangelho e da própria Igreja. Monsenhor Fusaro enumera entre elas a de Pedro Valdo,

VIDA DE SÃO ROQUE

dos Cátaros e Albigenses, dos Patarinos e dos "Espirituais", dos "Pobres Beguardos e Beguinas", que pretendiam a perfeição cristã no quietismo e nas forças espontâneas da natureza. Estes últimos seriam os "ecologistas" da época, que do respeito à natureza faziam um deus e uma religião. A doutrina dos cátaros foi muito prejudicial à moral cristã, condenando o matrimônio, no qual se funda a família cristã e a própria vida cristã, porque propunham uma perfeição impossível de se cumprir. Os albigenses, como os cátaros, acreditavam em dois princípios eternos; um bom que criou os espíritos e o mau que criou a matéria. Praticamente essa heresia negava o cristianismo e a redenção de Cristo.

Para uma época tão difícil e cheia de contradições, Deus suscitou Roque, o nobre e rico francês, para dar exemplo de solidariedade e amor cristão. Como peregrino estrangeiro, sobretudo na Itália, ele pregou a união e o serviço que a Igreja devia prestar aos homens. Roque não é apenas um Peregrino Santo, talvez o mais célebre de todos os tempos, mas sobretudo é o testemunho da Missão da Igreja de promover a união e o amor entre os povos cristãos.

5
O PEREGRINO DE DEUS

"Estatura pouco mais que a mediana, rosto pequeno, olhos grandes e modestos, nariz regular, barba ruiva, curta e pouco espessa, cabelos crespos e ondulados, caídos sobre os ombros, dedos longos e afilados, um não sei quê de distinto e místico em toda sua fisionomia.

Traz um chapéu de feltro com a aba levantada na frente, um grande manto preso junto ao pescoço e ornado com uma concha, uma túnica marrom presa à cintura por uma cinta ou cordão, botas de tecido, um bastão e uma cabaça vazia e nos ombros uma mochila." Assim nos apresenta a figura de Roque, o Peregrino de Deus, o biógrafo Maurício Bessondes, em sua obra *História e Lendas de São Roque*.

Esse era o traje dos peregrinos penitentes da Idade Média que percorriam os caminhos da Europa em busca dos santuários e lugares santos. Isso aconteceu particularmente depois

VIDA DE SÃO ROQUE

do ano de 1300, quando o papa Bonifácio VIII promulgou solenemente o primeiro Jubileu em Roma, atraindo multidões de peregrinos devotos a tal ponto que o próprio Dante Alighieri, peregrino como um deles, ficou tão impressionado com os romeiros e penitentes que os gravou na bela descrição de seu poema da *Divina Comédia*. Entre eles sempre se encontravam os peregrinos carismáticos como Roque, Bento Labre que, por inspiração divina, denunciavam erros, condenavam pecados e exortavam o povo à penitência e ao amor fraterno.

A missão de Roque na Itália era de Deus. Não se compreende como, residindo no sul da França, preferisse fazer sua caminhada até Roma e não para os santuários da Espanha, especialmente para Santiago de Compostela, meta de grande número de peregrinos do tempo. Ou então, movido por Deus, por que não se dedicou à evangelização dos muçulmanos que há seis séculos dominavam parte da Espanha e de Portugal? Para ver o Papa, bastava deixar Montpellier e, depois de curta jornada, ir até a cidade de Avinhão onde residia e não distava muito de Montpellier.

5 • O PEREGRINO DE DEUS

Nada disso Roque escolheu; ele sentia um chamado divino para, na peregrinação à Cidade Eterna, dar o testemunho de amor e solidariedade aos irmãos que sofrem. Rico e nobre, estava sendo chamado para dar ao mundo de seu tempo a lição da partilha de seus bens e da doação de sua pessoa. Antes de tudo Roque desejava cumprir sua missão de penitência, fruto de sua decisão ao fazer a opção radical em favor do Reino de Cristo, abdicando do título de nobreza de sua família e do direito aos bens do Senhorio de Console. Tornando-se peregrino, quis depois dar a todos a lição da contingência das coisas deste mundo, que são passageiras, e passar entre elas como quem não tem aqui cidade permanente. (Hb 13,14 – "Pois não temos aqui cidade permanente, mas buscamos a do futuro".)

Sua missão especial, porém, foi a de dar o exemplo de caridade indo ao encontro dos irmãos que padeciam os tormentos da peste negra. E, finalmente, Roque quis visitar e orar nos túmulos de Pedro e Paulo, colunas da Igreja e dos mártires que deram sua vida pela fé. Indo para Roma em peregrinação, São Roque foi o primeiro santo a proclamar a neces-

VIDA DE SÃO ROQUE

sidade da união chamando os papas de volta para sua sede; com sua presença carismática ele conclamou os cristãos a respeitarem o centro de irradiação do cristianismo, a união da Igreja em torno de seu pastor supremo, o Papa.

6
A CAMINHO DE ROMA

É difícil reconstruir o itinerário percorrido por nosso Santo Peregrino de Montpellier a Roma. As antigas fontes são imprecisas e discordantes.

Monsenhor Hermenegildo Fusaro, depois de consultar as mais antigas fontes, define e apresenta um roteiro muito provável. Um antigo biógrafo do santo, Francisco Diedo, afirma em sua obra *Vita Sancti Rochi Confessoris*, mais tarde citado pelos Bolandistas nas *Atas dos Santos*, no dia 16 de agosto, que Roque atravessou os cumes dos Alpes em demanda a Roma. Mas como os peregrinos, geralmente, usavam os caminhos mais frequentados e diretos, que levavam aos santuários famosos, Fusaro crê que Roque, tendo deixado sua cidade natal, dirigiu-se para Aries, situada às margens do Rio Ródano, a 70 quilômetros de Montpellier, que na época era capital da Gália, terceira cidade do Império com Roma e Constantinopla. Era ainda a capital da Pro-

VIDA DE SÃO ROQUE

vença e sede de arcebispado até o século IV, rica de monumentos romanos e cristãos, entre os quais a artística catedral de São Trofino.

De Aries, Roque segue para Tarascona, chegando até Aix-En-Provence. Há uma tradição que afirma ser de Santa Marta, irmã de Maria e de Lázaro, o túmulo lá visitado pelos devotos peregrinos medievais, situado naquela cidade. Existia um célebre albergue para peregrinos, chamado Albergue de Cristo Peregrino, em memória da hospedagem que as irmãs de Lázaro deram a Jesus.

A cidade de Aix era célebre pelas relíquias romanas e cristãs, onde viveu o extraordinário e santo bispo Maximino. Em sua vizinhança há uma gruta que dizem ser palco das penitências e contemplação de Maria Madalena, e que durante a Idade Média era lugar de visitação piedosa para os cristãos.

Como se vê, Roque atravessou uma região cuja paisagem e monumentos refletiam a beleza de Deus e a harmonia de seu amor, que eram pontos de meditação e contemplação para os piedosos peregrinos medievais. E Fusaro acrescenta: "Por isso, impelido por um íntimo impulso e pela alegria da fé, Roque atravessa rapidamente a distância entre Nice e Vintemília, pisando o solo da Itália, bela como sonhava, mas envolta em paixões políticas e guerras civis entre as várias cidades".

Pouco antes da chegada de Roque, havia morrido em Buonconvento, cidadezinha situada ao sul de Sena, o imperador Henrique VII, de Luxemburgo, que era a força e a esperança do partido político dos gibelinos. As cidades tornaram-se presas do desgoverno e da prepotência dos grandes, dando ocasião a muitas injustiças e miséria nas cidades de Milão, Gênova, Florença, Sena e Luca, cujas populações enchiam caminhos e estradas, fugindo da guerra em busca de paz e de pão, de liberdade e de trabalho. Bandidos e agitadores agravavam ainda mais o sofrimento e a miséria do povo.

Como peregrino de Deus, Roque sentiu-se na necessidade de ajudá-los e o fez com palavras de alento e conversão a Deus, de retorno à fé e de esforço de todos para restabelecer uma política mais humana e justa. Para aqueles migrantes e foragidos, que sofriam miséria e fome por causa da luta pelo poder dos senhores feudais, Roque foi um sinal de esperança, um convite ao trabalho e à reconstrução da sociedade em bases cristãs e justas.

Os grandes e poderosos não viam com bons olhos aquele peregrino que pregava a partilha e o amor fraterno, a conversão e o retorno à fé.

7
A PESTE NEGRA ASSUSTA ROQUE

No tempo de Roque, mais precisamente entre os anos de 1300 a 1400, graves epidemias devastaram os países da Europa dizimando cidades inteiras, sendo a mais conhecida, a peste bubônica ou peste negra. E a epidemia era causada pelo bacilo "pasteurella pestis", descoberto por Yerstin, em 1894. Essa doença vinha da mais alta antiguidade; tornou-se, porém, célebre pela devastação que causou no século XIV, na Itália, ficando conhecida como peste negra. Tucides narra que a peste fez estragos em Atenas no ano de 429 a.C., vitimando o célebre estadista Péricles; os historiadores romanos afirmam que ela se propagou também no tempo dos imperadores Antonino, Marco Aurélio, Cômodo e Justiniano.

"Terrível, escreve Fusaro, foi a peste de Milão, em 1015, e a mais famosa e nociva aconteceu com a epidemia que se difundiu

VIDA DE SÃO ROQUE

por todas as regiões da Europa entre os anos de 1100 e 1400, chegando a reincidir 5 vezes em um mesmo século. A cidade de Veneza, onde São Roque foi o exímio protetor contra esse mal, exposta ao contágio por razões comerciais, coloniais e militares com o Oriente, foi atingida mais do que os outros países: cinco vezes em sua história de poder, sabedoria e arte, sobrevivendo como que por milagre. Em 1576 e em 1630, quando perdeu cerca de 90 mil habitantes, dos quais somente 46.356 em Veneza e outros 35.639 entre as outras cidades da República, Murano, Malamocco e Chioggia. Imaginemos um número maior de 450 mortes ao dia durante todo o mês de novembro de 1630, e isso somente na cidade de Veneza. Foi famosa a peste de Florença em 1248; em toda a Europa a peste ceifou 10 milhões de vidas! Em quase todas as cidades desaparecia um terço da população, enquanto os sobreviventes se punham em fuga, espavoridos e sem destino, pelas estradas e campos.

Um tumor de cor roxa debaixo das axilas era o sinal cruel e fatal; seguindo-se febre ardente, sede horrível, respiração ofegante, vômitos, espasmos e um fedor nauseabundo e intolerável

7 • A PESTE NEGRA ASSUSTA ROQUE

saía dos poros da pele, seguidos de convulsões atrozes e da morte em poucas horas.

A última aparição da epidemia na Europa aconteceu em 1763, ficando confinada depois daquele ano na Ásia. Somente em 1894, o bacilo foi cientificamente descoberto e combatido por vacina. Enfim a humanidade se viu livre de mais uma epidemia".

Depois desse quadro aterrador, não é para admirar que Roque, o jovem peregrino que ia renovar sua profissão de fé, em Roma, sobre o túmulo do Apóstolo Pedro, tenha tido um sobressalto ao deparar com a notícia e com o enorme contingente de pessoas que fugiam do contágio. Espanto foi sua primeira reação natural, seguida logo de sua heroica resolução: dedicar-se aos cuidados dos doentes. Não vacilou; sentiu o chamado de Deus e viu nos pobres doentes a pessoa de Cristo que reclamava sua dedicação e amor.

O dever da caridade o deteve, interrompeu sua caminhada e se pôs a serviço dos flagelados.

8
O BOM SAMARITANO

"A peste, a peste!" Era o grito desesperador de homens, mulheres e crianças, ricos e pobres; todos, como loucos e desvairados, correndo pelos caminhos e estradas, fugindo do contágio das cidades atingidas pela epidemia. Esse foi o grito, esse foi o espetáculo que Roque presenciou ao atravessar a Toscana. Compreendeu, então, que era chegado o momento de ser o Bom Samaritano e de levar a efeito as palavras de Cristo: "Ninguém tem maior amor do que aquele que dá sua vida por seus amigos" (Jo 15,13).

Desde sua conversão ou opção radical pelo Evangelho, Roque meditava continuamente no preceito da caridade, e das cartas do Apóstolo Paulo ele codificou os princípios da caridade fraterna que o deveriam nortear durante toda a sua vida.

Eis as exortações que ele incorporou a sua vida:

8 · O BOM SAMARITANO

1 Vivam no amor, à semelhança de Cristo que os amou e se entregou a Deus por nós (Ef 5,2).

2 Carreguem os fardos uns dos outros, cumpram assim a lei de Cristo (Gl 6,2).

3 Expulsem de suas vidas toda amargura, paixão e raiva. Não digam nenhuma palavra pesada (Ef 4,31).

4 Sejam bondosos uns para com os outros e misericordiosos, perdoando-se reciprocamente como também Deus os perdoou em Cristo (Ef 4,32).

5 Mas, acima de tudo, revistam-se da caridade que é o vínculo da perfeição (Cl 3,14).

6 Tenham a mesma estima para com todos, sem procurar grandezas, mas sejam solidários com os humildes; não se considerem como sábios. (Rm 12,16).

7 Sustentem os fracos, tenham paciência com todos (1Ts 5,14).

8 Que o amor fraterno torne vocês unidos pela afeição mútua, cada qual considerando os outros como mais merecedores (Rm 12,10).

9 Que o amor de vocês seja sincero, detestando o mal e aderindo ao bem (Rm 12,9).

VIDA DE SÃO ROQUE

10 Tenham um só amor, uma só alma, um só sentimento. Não façam nada por competição e vaidade, antes por humildade (Fl 2,2).

Francisco Muriac, célebre apologista francês, afirmou: "Se os católicos da França não se inflamarem de amor, os irmãos da França morrerão de frio". Isso se aplica com toda propriedade a Roque, o nobre francês que, ardendo de amor a Cristo, salvou a vida de muitos italianos contagiados pela peste negra. Diante da dor e do pavor da morte de seus irmãos da Itália, Roque julgou logo ser mais agradável a Deus cuidar dos empestados e dar-lhes o lenitivo da religião do que fazer sua piedosa peregrinação aos santuários de Roma. Imediatamente se apresentou às autoridades de Acquapendente e pôs-se à disposição do hospital local.

9
TRATANDO DOS FLAGELADOS DE ACQUAPENDENTE

Acquapendente é uma pequena cidade, situada a nordeste do Lago Bolsena, junto da Via Cássia, no vale do Rio Páglia, distante de Roma, cerca de 100 quilômetros. Encravada nos contrafortes dos Apeninos, possui uma paisagem maravilhosa, clima ameno, água abundante e de ótima qualidade. Acquapendente – que em italiano quer dizer água pendurada ou suspensa – recebeu este nome de uma famosa cascata de um riacho, que com outro forma o Rio Páglia, afluente do Trévere que banha a capital da Itália, Roma.

Foi sede de bispado e pertence à província de Viterbo. Sua artística catedral domina do alto de um outeiro a paisagem. Possuiu personalidades importantes nas artes e nas ciências. As mais célebres são: Roque, que pelo ano de 1320 debelou a peste negra, e o cientista Jerônimo Fabrício de Acquapendente, nascido em 1553, que foi o fundador da anatomia comparada.

VIDA DE SÃO ROQUE

Já nas imediações da cidade, quando caminhava apressado pela Via Cássia, Roque deparou-se com muitos habitantes que fugiam espavoridos da peste. Entrou na cidade e se dirigiu logo para o hospital, pondo-se à disposição de seus dirigentes. Dizem que um dos médicos subalternos do hospital, observando que Roque era muito jovem para tal serviço, este respondeu com as palavras do apóstolo Paulo: "Para mim o viver é Cristo e morrer é lucro. Eu não vivo senão para Cristo e morrer pelos irmãos seria para mim uma grande vantagem" (Fl 1,21). E assumiu o risco do contágio.

Como a epidemia era contagiosa e se propagava rapidamente com a falta de higiene, o primeiro serviço prestado por nosso santo aos doentes foi os cuidados de higiene. Limpou salas, compartimentos sanitários, camas, roupas. Levou os doentes para o banho; ele mesmo lavava as chagas dos contaminados, fazendo-lhes os curativos. Aconselhou os mesmos cuidados higiênicos para as pessoas que ainda se encontravam em suas casas. Não poupou esforços, e sua saúde, dedicando-se inteiramente aos doentes.

E não foi fácil, pois a doença era naturalmente nojenta; o mau cheiro que saía pelos poros e das feridas dos empestados, o aspecto deprimente dos mais fracos e moribundos, os cadáveres insepultos, tudo exigia uma abnegação heroica, uma caridade sem limites.

E seu biógrafo acrescenta: "Mas a chama da caridade, o zelo sobre-humano, o espírito de sacrifício, a dedicação e imolação, o fervor e o ardor de sua alma fizeram o que a ciência médica, com o tratamento mais acurado não conseguia. Mesmo assim, a doença avançava sempre, fazendo novas vítimas, deixando um cenário pútrido e uma angústia mortal". O que fazer então? Roque, inspirado, volta-se para o médico divino, Jesus Cristo, que morrendo na Cruz havia vencido o demônio e o pecado, e tinha feito da mesma Cruz o símbolo de sua vitória, traça o sinal da cruz sobre os empestados. E exorcizando o poder do mal e da doença orava sobre os doentes: "Deus te destrua, te dilacere e te afaste das casas e te desterre da terra dos vivos em nome do Pai, do Filho e do Espírito Santo. Amém".

"Essa mesma invocação ou fórmula que, usada, conforme a tradição, por São Roque em

VIDA DE SÃO ROQUE

outras cidades e vilas, será também repetida certamente em Bréscia, na assistência aos empestados, em 1630, e realizando curas miraculosas. Em poucos minutos, os empestados abençoados por São Roque com o sinal da cruz traçado e tocados por suas mãos ficavam curados."

Entre mito e lenda, sobre o fundo da verdade do amor fraterno de Roque, Monsenhor Fusaro apresenta estes traços sobre suas virtudes:

"Os doentes do hospital de Acquapendente logo viam passar por entre seus leitos de dor a figura angélica daquele médico prodigioso e todos obtinham o dom intensamente desejado da cura e da saúde. Tumores e gangrenas, abcessos e miasmas, tudo desaparecia ao contato de sua mão que abençoava e que o Espírito do Senhor certamente sustentava como instrumento próprio e oportuno, como sinal de aprovação de sua grande caridade".

Depois do hospital, Roque livrou da peste também as casas e os caminhos por onde passava; o furor da peste parecia esvair-se diante de sua pessoa. Acquapendente voltou a respirar a paz, o ar saudável das montanhas, e sua cascata continuou a levantar nuvens de neblina, vivificando os homens, animais e plantas.

9 · TRATANDO DOS FLAGELADOS DE ACQUAPENDENTE

"E de todos os corações e de todos os lugares, levantava-se para o Santo, como era chamado aquele peregrino de Deus, o grito de reconhecimento, um hino de louvor. Aplicavam-se a ele as palavras de reconhecimento das multidões da Palestina que repetiam a Cristo: 'Passou fazendo o bem, fez os surdos ouvirem e os mudos falarem'" (At 10,38).

Quantos pobres doentes teriam morrido no tempo de Roque, se ele, rico e nobre, não tivesse seguido o apelo de Cristo para partilhar seus bens e, sobretudo, não tivesse partilhado seus dotes, seu coração e sua pessoa em favor dos irmãos. O gesto de Roque é muito atual, embora a medicina tenha erradicado as epidemias ou minorado os sofrimentos dos que sofrem. Em lugar da peste negra, surgem hoje as injustiças, os vírus, a marginalização das classes humildes, que também morrem de fome e de doença. A Igreja precisa de novos "Roque" – homens e mulheres do povo e também dos poderosos – para que a caridade de Cristo sane as injustiças, mitigue a fome e alivie a dor de tantos sofredores.

Você não teria, à semelhança de Roque, um gesto que fosse ao encontro de seu irmão?

10
EM CESENA E RIMINI

Essas duas cidades estão situadas na região da Romanha, além dos apeninos e banhadas pelo mar Adriático. Rimini fica no ponto extremo da Via Flamínia, construída pelos romanos. É uma cidade portuária de grande prestígio e cultura, ao lado de rendoso comércio, situada na foz do Rio Marrecchia. Foi importante cidade do Império Romano com o nome de Arimium e preserva, ainda hoje, muitos monumentos e construções romanas, como o Arco de Augusto, pontes, anfiteatro e outros prédios públicos. Foi e é sede de bispado e possui artística catedral dedicada a São Francisco de Assis. Sua cultura está hoje compendiada na grande biblioteca, no museu e na pinacoteca, ricos de acervos artísticos e históricos.

Cesena está mais ao norte de Rimini, às margens do Rio Sávio. Em 1400, era feudo dos Malatesta, que dominavam ainda a cidade de Rimini. É e foi sede episcopal e terra de

10 • EM CESENA E RIMINI

dois papas, Pio VI e VII. Sua catedral de mármore é grandiosa. A cavaleiro da montanha, domina a região a grande abadia beneditina de Santa Maria do Monte. Menos rica do que Rimini, era mais religiosa.

Pelo ano de 1320, a região foi atingida pela peste. E o sofrimento de seus habitantes comoveu Roque a tal ponto que ele inverteu a direção de sua peregrinação. Para atingi-la teve que caminhar novamente para o centro-leste da Itália; a caridade para com os doentes atingidos pela peste exigiu dele essa mudança radical do roteiro de sua peregrinação, cuja meta era Roma. Agora sua meta é o irmão atingido pela epidemia.

Atravessa apressadamente os Apeninos e corre solícito para levar-lhe sua ajuda, feita de amor, de prece, de alívio e de curas milagrosas. Como afirma Monsenhor Fusaro, Roque, depois de deixar Acquapendente, dirigiu-se imediatamente para Cesena e Rimini. E acrescenta:

"Descuidado de si mesmo, dispensa comodidades e hospitalidade e apressadamente dirige-se a Cesena para conter a avalanche da população que, espavorida e aterrorizada, sai da cidade para fugir do contágio".

VIDA DE SÃO ROQUE

Também aqui as estradas apresentavam o mesmo espetáculo que em Acquapendente: vítimas da peste definhando ao longo dos caminhos, cadáveres putrefatos, casas trancadas de medo ou vazias pela fuga ou morte de seus inquilinos. Era a peste exterminadora...

Levado pela mesma caridade e inspirado pelo mesmo dom celeste, Roque presta os serviços de higiene, os cuidados de médico e a benignidade de enfermeiro. Visita os que sofrem em suas casas, conforta os desesperados, tem para com todos uma palavra de alento e fé. Estendendo as mãos sobre os enfermos e fazendo-lhes na fronte o sinal da cruz, obtve para muitos a cura. Operando os mesmos prodígios em nome de Cristo, o santo da caridade vence a cruel doença, suscitando em toda a parte admirável comoção e infinita admiração por seus dons extraordinários de cura.

Maurílio Bessodes, citado por Monsenhor Fusaro, sintetiza a ação de Roque nas duas cidades com estas palavras: "Roque chegou até Cesena e Rimini pela Via Flamínia que, embora interdita pelas autoridades, foi o caminho de entrada da peste. Chegou em pleno terror da peste: os médicos perplexos e apavorados com o mal, os cemitérios cheios, grandes valas onde os cadáveres eram calcinados, a vida social interrompida. Desencadearam-se os instintos, e em meio a tanta desolação, apenas uma ou outra mulher e alguns clérigos se inclinam para curar as chagas, mitigar a sede e dar o consolo da fé".

Debelada a epidemia, Roque permanece na cidade por três meses, pregando nas igrejas e naqueles lugares onde um século antes Santo Antônio de Pádua havia santificado com os milagres que acompanhavam sua pregação. Como Antônio, Roque anunciou a todos a mensagem de paz e de caridade.

Cumprida sua missão de caridade, quer agora cumprir seu voto.

11
ROMA, META DE SUA FÉ

Durante a Idade Média era muito comum os cristãos fazerem sua caminhada penitencial de fé até Roma para orar sobre os túmulos dos Apóstolos e dos mártires. Contam-se às centenas os santos que fizeram a mesma jornada de penitência e de caridade. Já nos tempos modernos, em 1783, São Clemente Maria Hofbauer, o santo redentorista de Viena, fez a mesma peregrinação.

Roque saíra de Montpellier, na França, para esse fim.

Era o ano de 1320. Finalmente o santo peregrino pôde retomar sua caminhada e cumprir seu voto na Cidade Eterna. Põe-se a caminho ao longo da Via Flamínia, que, seguindo o curso do Rio Trévere, chega até Roma. Para ele que era peregrino da fé, diziam muito, as igrejas, as catedrais, as cidades de tantos santos, e sobretudo as lembranças dos santos mártires da primitiva Igreja. Certamente não

11 • ROMA, META DE SUA FÉ

desprezou as belezas naturais, os pássaros, as campinas e os belos campos de trigo; antes elas o ajudaram, como a São Francisco, a se aproximar mais de Deus.

Chegando a Perúgia, dizem seus biógrafos, ele não poderia passar adiante sem visitar Assis, onde o filho do rico comerciante Bernardone lhe inspirara também deixar riquezas e nobreza em Montpellier para fazer-se irmão de todos. Não foi tanto o "Cântico das Criaturas" ou a "Senhora Pobreza" que inspirou Roque, mas sim a doação de Francisco evangelizando os pobres de Assis e região. Fez-se, como ele, Peregrino de Deus para levar aos empestados a paz e o amor.

Aproximando-se de Roma, sentimentos profundos agitavam sua alma: o desejo de orar sobre o túmulo de Pedro e dos mártires e a alegria de peregrinar nos lugares santos daquela cidade, de uma parte, e de outra, o temor que fosse verdade a notícia de que a peste havia atingido a cidade.

Monsenhor Fusaro descreve muito apropriadamente sua chegada àquela cidade.

"De fato, enquanto seu coração já exultava pela meta alcançada, contemplando as basíli-

VIDA DE SÃO ROQUE

cas cristãs, os monumentos dos mártires, chegam-lhe aos ouvidos o grito de dor e de desespero dos empestados, a angústia da população atemorizada com o espectro da morte".

E a Cidade Eterna estava sem seu chefe e cabeça, porque o Papa encontrava-se ainda em Avinhão, enquanto magistrados e governadores, aventureiros e agitadores a desorientavam e devastavam com revoluções, saques e injustiças. Era a desolação das desolações, na expressão do profeta que descrevia a confusão da Cidade Santa, Jerusalém.

Como todos os romeiros, também nosso peregrino se ajoelha e devotamente beija aquele solo santificado por tantos mártires e pela fé e obediência de tantos papas. Com fervor e indizível emoção, Roque visita e rende a homenagem de sua profunda fé e devoção a todos os lugares santos e a todos os santuários famosos, como São Pedro, São Paulo, São João de Latrão, Santa Maria Maior, as catacumbas de São Calixto, de São Sebastião, de Santa Inês, testemunhos de infinitos heroísmos.

Sua alma ilumina-se, seu coração comove-se e seu espírito se reanima de profunda força de fé e de esperança. E ora pela Sede

Apostólica sem o Papa, pela Igreja sem paz, pelos irmãos infelizes, crucificados no corpo e na alma pela morte implacável.

De fato, a peste já se estendia em alguns quarteirões mais pobres. Pelo descaso das autoridades, o tifo também penetrava pelos aquedutos abandonados e sujos; a água, que era a riqueza da cidade, estava contaminada... Os hospitais abriam suas portas para receber os contagiados da peste, médicos e enfermeiros se dedicavam com zelo em seu cuidado. Ainda uma vez, Roque se apresenta e assume sua parte. Esquece as visitas religiosas, vê diante de si apenas os irmãos necessitados!

No Hospital do Santo Espírito ele se desdobra no cuidado com os doentes; estende a mão para o benfeitor deste e único cardeal que permanecera em Roma, atingido pela doença, e o cura. Este Cardeal, agradecido, acolheu Roque em sua casa como amigo, enfermeiro e conselheiro. Confiar-lhe-á uma mensagem para o papa João XXII, na cidade de Avinhão.

Mais uma vez, os empestados têm em São Roque um protetor que alivia e cura. Torna-se novamente instrumento de Deus para aquele pobre povo, não só lhe anunciando a pa-

VIDA DE SÃO ROQUE

lavra encarnada do Evangelho, mas também curando milagrosamente muitos doentes ao traçar sobre eles o sinal da cruz. Seu pedido era ouvido, sua prece atendida. Não se descuidou dos serviços higiênicos e preventivos da doença, não deixou de visitar as famílias levando o conforto da fé. "Em toda a parte, sua passagem provocava emoção e admiração sem-fim, escreve Fusaro. Especialmente no Hospital do Santo Espírito, onde prestou por primeiro seus serviços de caridade e se libertou do contágio, mais com sua fé e virtude do que pela medicina."

Roque permaneceu em Roma por três anos, livrando a cidade da peste e reanimando seus habitantes com seu exemplo de modéstia, piedade e caridade. E são estas as palavras com as quais Fusaro conclui a descrição da estadia de Roque em Roma: "Ao contato de lugares tão famosos e venerandos, santificados por tantos mártires, meditando sobre a arena do Coliseu, e renovando, mais vezes, seu Credo nos túmulos de Pedro e Paulo. Roque atinge um altíssimo grau de fervor da alma e de evangélica perfeição, a qual tornou sempre mais fecundo seu apostolado, e sempre mais agradável a Deus sua vida e sua missão".

11 • ROMA, META DE SUA FÉ

E retoma a túnica, o manto, a mochila, o bastão e o cantil para iniciar sua caminhada de volta. Deus ainda o esperava para uma nova missão de caridade, para uma doação total de sua vida.

12
DEUS PEDE MAIS UMA PROVA DE AMOR

Roque renunciou a peregrinação à Terra Santa, porque Deus lhe estava pedindo mais uma prova de amor e dedicação aos irmãos carentes na Itália. Levado por uma inspiração divina, retomou o caminho de volta. Seu itinerário é pela Via Flamínia, a mais plana e mais frequentada pelos viajantes. Aquela via aberta pelos romanos viu passar exércitos de conquistadores, multidões de peregrinos, cortejos triunfais de reis e imperadores, multidões de famintos e prófugos de guerras, revoluções e epidemias. Viu passar os santos em peregrinação; agora sente os passos lentos e cansados do peregrino Roque.

Ele revive os lugares de oração e contemplação e, sobretudo, aquelas cidades como Rimini, Cesena e Forli, que já estavam livres da peste negra. Passou por Bolonha e chegou a Parma, onde foi surpreendido pela triste notícia de que em Placência o povo fugia da cidade que estava sendo dizimada pela peste.

12 • *DEUS PEDE MAIS UMA PROVA DE AMOR*

No trajeto, Roque continua sua pregação de vida; é o nobre vestido pobremente, é o rico, despojado do conforto dos bens terrenos. É o homem que traz a alma inebriada pelo Espírito e o coração aberto para as realidades do tempo. Unindo oração e penitência, ele alcança o supremo dom da caridade. Não há maior prova de amor do que doar a vida... e ele ouve esse último apelo e procura realizá-lo.

Em Parma, ao ouvir a notícia que Placência estava em sobressalto, apressou o passo para vencer o mais rapidamente possível os 80 quilômetros que o separavam daquela cidade. Entrando, encontrou-a de quarentena por causa da terrível pestilência. Esqueceu seu cansaço, suas penitências...

Dr. Zelindo Ceroni, um dos biógrafos do santo, diz que a epidemia encontrou terreno fértil, pois a cidade estava depauperada pelas lutas políticas. "Por causa das lutas políticas contra o usurpador Visconti de Milão e consequente divisão dos ânimos e pela falta de cultivo das terras, a carestia havia gerado uma desnutrição generalizada que favoreceu a propagação infecciosa da peste negra, sendo horríveis seus estragos na população."

VIDA DE SÃO ROQUE

Roque entrega-se à missão caridosa de enfermeiro e médico, como o fizera nas outras cidades. Sua figura macilenta, seu olhar penetrante e sua virtude levam esperança ao povo. É tradição transmitida por seus biógrafos que ao orar diante da imagem da Mãe de Deus, na igreja dos Servos de Maria, em favor dos pestilentos, ela lhe tenha dito: "Roque, servo de Deus, a tua oração será atendida". Esse acontecimento foi reproduzido em uma pintura daquela mesma igreja e é o primeiro retrato do santo.

"Entrando no hospital, escreve Hermenegildo Fusaro, levou para todos os empestados, com o sinal da cruz e fervorosa prece, a cura e a saúde. Do hospital às casas, às cabanas, como anjo e médico celeste, Roque transformando o luto em alegria, as lágrimas em sorriso, o pranto em júbilo, comunicando a todos por sua virtude a presença de Cristo."

Suas preces e penitências foram ouvidas, Placência ficou livre da peste.

E começa para Roque o caminho do martírio...

13
A GRANDE PROVA

A santidade funda-se no martírio do corpo, do coração, da vontade e do sangue. Por isso não poderia faltar essa grande prova de amor em Roque. Em todas as cidades por onde passou, ele recebeu o reconhecimento pelos serviços prestados em favor dos empestados; em toda a parte admiraram suas virtudes, sentiram sua íntima união com Deus, sua santidade enfim.

Enquanto a cidade de Placência, livre da epidemia, preparava-se para cantar os louvores a Deus e o reconhecimento a seu extraordinário benfeitor, Roque entra no "Jardim das Oliveiras" de sua agonia terrena que somente irá terminar em Montpellier, em 1327, com a morte. Deus permite que seu servo, que tanto fizera pelos empestados, contraia também a doença.

Uma noite, Roque sente repentinamente a dor aguda e característica sob as axilas: é o tumor arroxeado, é a peste, a morte rápida

VIDA DE SÃO ROQUE

e dolorosa da qual ele havia, pelo poder de Deus, livrado a tantos infelizes. Não há dúvida nenhuma: aceita a vontade de Deus e se prepara. Para não contagiar outros e para não ser pesado aos Irmãos do hospital, deixa escondidamente aquela casa. Dirige-se a passos lentos para um lugar chamado Sarmato, junto do Rio Trebbia, a 18 quilômetros da cidade. Ali, em um bosque, abrigado em uma cabana de troncos de árvore e coberta de palha, junto da corrente de água inicia os tratos higiênicos de seu pobre corpo.

Ardendo em febre, com chagas purulentas pelo corpo, Roque inicia sua identificação com o Cristo sofredor. Ele já tinha sentido sua presença amorosa nos corpos dos empestados, agora era sua vez de trazer no próprio corpo as chagas de Cristo e completar, no dizer do apóstolo São Paulo, "o que falta aos sofrimentos de Cristo em favor de seu Corpo que é a Igreja" (Cl 1,24).

A história não dá pormenores sobre a doença de Roque; diz apenas que ele permaneceu naquela solidão, onde Deus o consolava e alimentava miraculosamente até curá-lo de vez. A lenda afirma que todos os dias um cão lhe trazia, de um castelo vizinho, um pão com que se alimentava. Essa tradição ficou incorporada à própria imagem de São Roque: o cão a seus pés com o pão na boca. Mas existe outra imagem ou representação de São Roque como aquela do escultor Jorge Zuern, da cidade alemã de Uberlingen, do século dezessete, que representou Roque com um anjo a seus pés tocando a ferida da coxa esquerda com a mão para indicar a cura miraculosa da peste.

Naquela solidão, enquanto contempla os sofrimentos de Cristo e os padece em seu pobre corpo, Roque dá tal testemunho de vida cristã que atrai um nobre e rico senhor para o mesmo caminho de doação e amor aos pobres.

14
CONVERSÃO DE GOTARDO PALLASTRELLI

Não longe do bosque onde se refugiara Roque, existia o Castelo de Sarmato, pertencente à nobre família dos Pallastrelli. Naquela época vivia nele o rico senhor Gotardo Pallastrelli que era apaixonado pela caça, tendo em seu poder cães amestrados para esse fim.

Os historiadores dizem que ele era rico e bom cidadão. Mas padecia do defeito dos grandes latifundiários, senhores feudais da época; tinha tudo como proprietário: terras, lavouras e colheitas. Os agregados eram pobres e trabalhavam para seus senhores. Era o sistema feudal da Idade Média que concentrava nas mãos de poucos as terras e os bens de consumo. A Itália padecia desse mal da época, como na França, onde a família de Roque tinha o mesmo sistema de vida. Custou para esse sistema injusto ser desfeito; ainda nas últimas décadas do século passado e nas

14 • CONVERSÃO DE GOTARDO PALLASTRELLI

primeiras deste, as melhores terras situadas ao norte de Veneza, entre Verona e Udine, banhadas pelos caudalosos rios Piave, Brenta e Tagliamento, pertenciam a três ou quatro barões. Quando as colheitas eram abundantes, havia alimento para todos; porém, quando havia carestia, os agregados passavam fome. As grandes imigrações de italianos da região de Veneza, Treviso, Belluno e Trento, que vieram para o Brasil entre 1880 a 1900, eram daquela região e o motivo era a falta de terras próprias. Eles não vieram fazer a "américa", mas buscar um chão, onde pudessem viver com dignidade e educar seus filhos.

Gotardo não era insensível; estranhou que todos os dias um de seus cães de caça saía furtivamente de seu palácio e só voltava bem tarde. Intrigado com o fato, um dia ele resolveu segui-lo. E, para seu espanto, chegou até a cabana, onde Roque fazia suas penitências e preces.

Aproximou-se, apesar de Roque tentar retê-lo longe de sua cabana por causa do perigo do contágio. A personalidade do santo conquistou seu coração; ele se converte e pede acolhida a Roque.

VIDA DE SÃO ROQUE

"Mas Gotardo, escreve Monsenhor Fusaro, pediu-lhe que aceitasse seus cuidados e sua companhia. Aquele estranho enfermo o encanta, suas palavras são cheias de vida e convicção: 'Vá, venda o que possui', repete-lhe um dia como Cristo no Evangelho, e como ele mesmo havia feito, 'e dê o dinheiro aos pobres, depois venha e siga-me' (Mt 19,21). Assim fez Gotardo e, tendo-se colocado sob a direção de Roque, adquiriu admirável virtude e tal perfeição que, mais tarde, faleceu em um país distante, nas mais duras penitências e na prática de todas as virtudes."

E Roque pediu então a Deus sua própria cura, o que lhe foi concedido miraculosamente. Livre da peste, permaneceu ainda algum tempo naquela ermida para se restabelecer da fraqueza e do cansaço. Uma piedosa tradição diz que nesse meio tempo Roque, imitando o exemplo de São Francisco, abençoava os animais do bosque e muitos deles atingidos pela epizootia, doença contagiosa própria dos animais, curando-os. A cena foi gravada por Tintoretto em uma grande e célebre tela da abside da igreja de São Roque, em Veneza. Daí vem o costume de São Roque ser invo-

14 · CONVERSÃO DE GOTARDO PALLASTRELLI

cado como protetor contra pestes e doenças dos animais e as celebrações folclóricas por ocasião de sua festa.

Descoberta sua ermida e sendo muito visitada pelo povo, Roque retoma seu alforje e o bastão pondo-se a caminho de sua terra.

15
A CAMINHO DA PÁTRIA

Roque com sua túnica marrom de peregrino, chapéu de abas largas e bordão de viajante na mão esquerda, inicia em Placência sua viagem de retorno a Montpellier, passando por Pavia e Novara, cidades situadas a sudoeste e oeste de Milão. Mal chegado em Pavia, após atravessar o caudaloso Rio Pó, ouve notícias alarmantes sobre o surto da epidemia que irrompera na cidade de Novara. Apesar de seu cansaço, apressa seu caminhar para socorrer aquele povo.

Em Novara encontra o mesmo espetáculo de dor, pavor e morte como em Acquapendente, Roma, Rimini e Placência. Ainda uma vez Roque não recusa seus préstimos de caridade. Vai ao encontro dos flagelados no hospital, nas casas e nos campos de refúgio, onde se encontravam os doentes. A todos presta seus serviços de higiene, indicando aos que ainda não tinham sido contaminados os cuidados preventivos. Aos moribundos consolava e os

15 • A CAMINHO DA PÁTRIA

dispunha para uma boa morte, a todos oferecia suas preces, sua caridade e, sobretudo, sua bênção com o sinal da cruz que a muitos curava e restabelecia na saúde.

Depois de sua estadia em Novara, tendo debelado a peste negra, encaminha-se para a cidadezinha de Angera, situada a sul do Lago Maior, onde foi cumprir, conforme a tradição, uma missão de paz que lhe fora confiada pelo cardeal de Roma.

Cumprida sua missão em Angera, dirige-se a Turim, passando pelo Piemonte, onde governavam os duques de Savoia, o então Amadeu V, de 1253 a 1323. Seguindo as estradas da fronteira, chega até a cidade francesa de Montgenèvre, deixando para trás a última cidade italiana de Susa. Despediu-se da Itália, cujas belezas naturais e monumentos artísticos admirou, preocupando-se mais com o valor da pessoa humana, atingida pelo flagelo da peste negra que desfigurava corpos e infelicitava almas. Como Bom Samaritano, procurou reconstruir a beleza do homem como filho de Deus.

Já em terras francesas, Roque percorre a Provença e, passando por Avinhão, chega finalmente a sua terra natal, Montpellier, ponto

VIDA DE SÃO ROQUE

inicial de sua peregrinação de fé e de penitência, que se tornou mais que tudo uma jornada de caridade cristã. Em Avinhão, teria ele visitado o Papa? A história silencia sobre o fato. A tradição, porém, afirma que ele foi apresentado ao papa João XXII, que então governava a igreja, daquela cidade. "Em sua fareja de Veneza, diz Hermenegildo Fusaro, uma tela do célebre pintor Tintoretto representa São Roque em visita ao Papa. Mas não há certeza histórica que a confirme, seja porque é pouco provável, seja porque era desejo e convicção de São Roque encontrá-lo em Roma, meta de sua peregrinação."

"João XXII, diz ainda Fusaro, era um pontífice austero, mas mundana, cheia de injustiças e de sede de poder era a corte que o cercava com erros morais e doutrinários graves. As novas teorias de Marsílio de Pádua sobre a absoluta supremacia do Estado a quem a Igreja deveria estar sujeita, defendidas em sua obra *Defensor pacis*, tiveram eco e receptividade. Não se tratava apenas de uma prepotência, de fato, do Imperador ou do rei Filipe IV, que se intrometera no Concílio de Vienne (1311-1312), mas de direito, com consequências imediatas nas lutas e divergências que iriam surgir entre o Papado e o Imperador Ludovico, o Bávaro.

A vida de São Roque foi, sem dúvida, um alerta e uma contestação contra essas lutas de poder e de riqueza que machucavam a Igreja de Cristo. Sua atitude profética frente à situação geral da sociedade e da Igreja foi de doação e caridade.

Ao terminar sua peregrinação de fé e de caridade, Roque estava pronto para dar o supremo testemunho de seu amor a Deus e à Igreja, em sua cidade natal.

16
PRESO E ENCARCERADO POR SEU TIO

Roque entra em sua cidade natal pressentindo grandes sofrimentos e angústias. Mas como servo fiel – o peregrino de Deus – está ciente de sua missão evangélica, de sua radical opção pelo Reino de Deus. Tendo renunciado à nobreza do sangue e às riquezas do poder, ele entra em sua terra como pobre peregrino. Saúda com amor a casa que o viu nascer, ruas e praças onde expandia sua alegria juvenil, a faculdade de medicina, onde aprendeu os princípios que tanto lhe valeram no cuidado com os doentes. Queria descansar e morrer em sua terra.

Montpellier vivia em luta civil pela ameaça do rei da França contra o domínio da cidade pelo rei de Majorca, sustentado pelo de Aragão. O conselho e os magistrados vigiavam a cidade, e seu governador, Bartolomeu Rog, tio de São Roque, cumpria todas as leis de segurança para afastar possíveis invasores ou espiões.

16 • PRESO E ENCARCERADO POR SEU TIO

Não é, pois, de se admirar que os guardas estranhassem e vigiassem aquele exótico peregrino, que chegava vestido de grosseira túnica marrom, macilento, cabelos descuidados. Seria um vagabundo ou espião?

Roque entra na igreja matriz, onde, por um momento, olha para o sacrário, reafirma sua fé e renova seu amor e esperança no Cristo que ele seguira nos gestos e atos de sua vida. Entra depois em profunda contemplação, quando declara com o apóstolo Paulo: "o meu viver é o Cristo". Para ele não tem mais sentido o senhorio da nobre família Rog com suas terras e influência política; nada valem o palácio, as vestes, as honras. É todo de Cristo. Em seguida, sai da igreja em busca de um abrigo para passar a noite. Não supunha que lhe dariam o pão e a água, a enxerga e as cobertas do cárcere.

Curiosos escarnecem dele, guardas o seguem. Ninguém o reconhece como nobre cidadão, o príncipe de Montpellier. Enquanto ele se assenta em um banco de pedra na praça, os soldados se aproximam e o prendem. Como não quer declarar sua identidade, de onde veio e para onde vai, nem sequer revela seu nome, conduzem-no como espião ao governador Bartolomeu Rog.

VIDA DE SÃO ROQUE

"Esta cena, escreve Fusaro, inspirou o gênio Tintoretto que, na igreja de São Roque de Veneza, pintou o célebre quadro: 'Prisão de São Roque' ou 'Batalha de Montpellier.'" Nem mesmo seu tio Bartolomeu reconhece, naquele homem, seu sobrinho que há dez anos partira em peregrinação. Bastaria, no entanto, que declarasse seu nome, mas preferiu passar por um desconhecido... queria identificar-se com Cristo, desconhecido e desprezado pelas autoridades de Jerusalém.

E assim, pelas leis de segurança da cidade, o estranho peregrino obstinado foi trancafiado no cárcere até que se esclarecessem sua identidade e seus propósitos. Essa atitude de Roque não é para ser imitada, mas admirada. O que deve ser seguida é sua doação inteira a Cristo, sua doação em favor dos irmãos. Como ele, devemos reconhecer que todos os fatos e circunstâncias da vida, que independem de nossa vontade, podem ser vividos para o amor de Deus. Esta era a convicção profunda de Roque: "Todas as coisas concorrem para o bem daqueles que amam a Deus" (Rm 8,28).

Seguramente foi por inspiração de Deus que Roque se submeteu ao cárcere, pois, renunciando à nobreza terrena, ele deveria ser sinal profético da verdadeira nobreza e liberdade. Passou na prisão cinco anos, durante os quais continuou seu programa de oração e de penitência; sua missão de contemplação das realidades celestes. O que mais o mortificava era a nostalgia de sua casa, da igreja de Notre--Dame des Tables. Seu desejo, como declarava São Paulo, era morrer e estar com o Cristo.

17
MORTE DE ROQUE

O povo venera seus heróis e sabe envolver em uma auréola mística sua vida. Roque foi um herói da caridade e do serviço aos irmãos. Seguiu à risca o ensinamento da parábola do Bom Samaritano. Foi um exemplo de vida cristã. Na prisão, ele dedicou todo o seu tempo à penitência e oração; na medida que o véu de seu corpo definhava, mais nitidamente aparecia a visão de Cristo. Os santos começaram a ver Deus como ele é, sem o véu da revelação, já neste mundo; o contemplar a Cristo face a face foi uma experiência profunda para Roque.

Suportava pacientemente o vexame da prisão, seus incômodos, sua solidão. Humilde e agradecido aceitava o alimento e os cuidados que o carcereiro lhe dava. Um dia, refere à tradição, o guarda percebe que a prisão estava toda iluminada de luz; observando mais de perto, descobre que o prisioneiro estava em oração com o rosto todo resplandecente.

17 • MORTE DE ROQUE

Entre comovido e admirado, Roque lhe pede o favor da presença de um sacerdote.

"O ministro de Deus vem, escreve Fusaro, e profundamente admirado pelos fatos estranhos acontecidos e pela figura daquele prisioneiro que refletia no rosto algo de divino, administra-lhe os sacramentos dos enfermos. Recebidos os sacramentos, Roque pede para ficar só, para meditar. Morre contemplando as belezas de Deus e a maravilha do amor divino.

Era o dia 16 de agosto de 1327. Tinha apenas 32 anos de idade."

Não só os devotos cercaram a morte de Roque de glória, os artistas também. O Códice Belforziano, citado por Fusaro, narra como os anjos lhe apareceram à hora da morte para confortá-lo e, após sua morte, conduzi-lo ao paraíso. Tintoretto fixou essa tradição no celebérrimo quadro que se encontra em sua igreja de Veneza. No momento de sua morte, refere à lenda, os sinos de todas as igrejas da cidade tocaram festivamente, como aconteceu com seu miraculoso antecessor, Santo Antônio.

"Mas as maravilhas não terminaram aí, diz Fusaro. Aberta a cela do cárcere, encontraram seu corpo desfalecido, mas em atitude serena.

VIDA DE SÃO ROQUE

Não se tratava de uma morte comum, mas de um passamento de uma criatura transfigurada de luz e de amor. A emoção e o espanto aconteceram quando encontraram debaixo de sua cabeça uma tabuinha com o nome de Roque. A notícia despertou em todos uma emoção quase infinita. Clero, nobres, povo, também das cidades vizinhas, correram para venerar seus despojos postos à visitação pública, primeiro no palácio da família e depois na igreja de Notre-Dame des Tables.

Os funerais, celebrados pelo bispo da diocese, não foram apenas um ato litúrgico piedoso, mas um ato de veneração e triunfo dirigido a um mártir da caridade, da humildade e da penitência." Para reparar a injustiça, o tio Bartolomeu mandou erigir, na cidade vizinha de Miguelone, um mausoléu artístico em forma de uma capela. E o povo o proclamou santo, o Santo Padroeiro Roque.

18
PROCLAMADO SANTO
PELO POVO

A glorificação de Roque foi proclamada pelo povo logo depois de sua morte, antes mesmo que a Igreja a reconhecesse. No caso de São Roque verifica-se, como em muitos outros santos da antiguidade, que sua glorificação e patrocínio nasceram do consenso do povo (De consensu Ecclesiae – pelo sentir comum da Igreja) e como um culto imemorial foi reconhecido pelo papa Urbano VIII, pelo ano de 1633.

Seu túmulo tornou-se lugar de peregrinação e junto dele o povo o invocava como protetor contra epidemias e doenças graves. Sua exímia caridade também foi sempre lembrada e seus devotos lhe pediam esse dom divino. Ainda segundo Monsenhor Hermenegildo Fusaro, sabe-se com certeza que o dia 16 de agosto, dia de sua festa litúrgica, tem uma tradição constante desde 1440 seja em Montpellier, seja em outros lugares da França, onde

VIDA DE SÃO ROQUE

seu culto já estava difundido. O mesmo fato é confirmado por um antigo saltério ou hinário do século XV, onde se encontram cânticos em louvor do santo. Uma edição do Missal Romano, anterior à reforma de São Pio V, impressa em Veneza em 1505, tinha a missa de São Roque; ofício e missa em seu louvor foram concedidos oficialmente pela Sagrada Congregação dos Ritos, em 1629. Por sua vez, o Martirológio Romano de 1678 traz o nome de Roque para as festas celebradas no dia 16 de agosto.

Há menção de capelas dedicadas a São Roque desde 1421, em Montpellier, e desde 1437, em Avinhão, com uma antiquíssima pintura com a figura de São Roque.

Conforme o biógrafo Francisco Diedo, citado por Fusaro, o culto a São Roque teve extraordinário incremento a partir do Concílio de Constança de 1437, quando a peste negra irrompeu entre os padres conciliares. Com o povo da cidade e o Imperador Sigismundo, os conciliares fizeram uma procissão levando as relíquias do santo, obtendo por sua intercessão o fim da epidemia, que possibilitou a continuação e conclusão daquele Concílio.

18 • PROCLAMADO SANTO PELO POVO

Fato idêntico com consequente aumento da devoção, aconteceu no Concílio de Ferrara, de 1437.

Até então eram invocados, por ocasião das epidemias, Santo Antão Abade, São Cristóvão e São Sebastião, que cederam a primazia a São Roque, difundindo-se sua devoção como uma chama. Seu culto divulgou-se cada vez mais, tornou-se quase universal, sempre por iniciativa popular. Incontáveis cidades e vilas da Itália, da Europa e do mundo levantaram em sua honra capelas, igrejas, escolas, altares, irmandades que o elegeram como seu patrono, invocando-o como taumaturgo contra as epidemias, que nos séculos XIV, XV e XVI dizimaram as populações das cidades e dos campos.

O efeito mais precioso de toda essa devoção foi a renovação do espírito de caridade cristã entre o povo; sua mensagem de amor fraterno e doação suscitou belos exemplos entre os cristãos.

19
EXPANSÃO DO CULTO

Como São Francisco de Assis e Santo Antônio de Pádua, que o antecederam na missão profética para a Igreja e a sociedade do tempo, Roque ganhou prestígio e fama. Tornou-se um santo popular, em toda a parte.

Na França – Igrejas e museus atestam quanto seja difundida sua devoção. Famosa é a igreja do Santo Peregrino, em Paris, onde o escritor Alexandre Manzoni reencontrou a fé cristã; e igualmente famosas são as igrejas de Tolosa, Grenoble, Arles, Marselha, Donai, Berziere Versailles. Em Montpellier, o culto de São Roque está instalado na igreja paroquial; somente em 1855, o papa Pio IX abençoava a iniciativa daquela cidade de levantar um templo dedicado a São Roque. A festa anual no dia 16 de agosto é celebrada com romarias de toda parte.

Para lá acorrem peregrinos do Oriente, da Espanha, da Alemanha e Portugal. Entre eles Montpellier pôde contar mais recentemente

19 • EXPANSÃO DO CULTO

com a presença do cardeal Lercaro e do Núncio Apostólico da França, dom João Roncalli, futuro papa João XXIII.

Na Itália – Muito mais célebres e solenes são os monumentos do culto do santo em centenas e centenas de cidades e vilas da Itália. 28 municípios levam seu nome; 36 bairros e cerca de 3 mil igrejas ou capelas e oratórios têm o título do santo. Numerosíssimas são as irmandades que foram fundadas para seu culto e imitação de suas virtudes. São apreciadíssimas pelo povo as festas de São Roque em Conegliano (os fundadores da capela de São Roque, em Tietê, vieram desse município), de Veneza, Pasagno, Montinello. Também são devotas e solenes as festas de Pádua (Loreggia), Treviso (Valdobbiadene), Falcade Alta e Asiago. Em Bréscia, a festa é um patrimônio da cidade.

Em Nápoles são três as paróquias dedicadas ao santo peregrino; é copadroeiro de Salerno e padroeiro principal em Sanseverino. Nos seguintes lugares destacam-se obras de arte como igrejas, pinturas, afrescos, imagens em louvor de São Roque: Vallesano, Scalzo, Cremona, Lugano, Piacenza, Bolonha, Rimini, Cesena, Palermo, Messina, Frascati, Roma, Voghera.

VIDA DE SÃO ROQUE

Outros países – Culto e devoção se espalharam pelos continentes da Ásia, África e América. Em Portugal e na Espanha, o santo é venerado com especial carinho, dando nome a cidades, vilas, distritos, igrejas e pessoas. Da América do Norte, diz Fusaro, chegam a Veneza peregrinos pedindo lembranças do santo, igualmente da Dinamarca, Alemanha, Bélgica e Áustria.

No Brasil – Fusaro diz em sua biografia que existe o Cabo de São Roque. Mas hoje há muito mais do que isto: a paróquia de São Roque, na cidade do mesmo nome, próxima de São Paulo, é a mais antiga do Brasil. Foi fundada em 1733. Existem, em todo o país, 33 paróquias consagradas a São Roque, sendo assim distribuídas: 12 no Estado de São Paulo, 7 no Rio Grande do Sul, 5 no Paraná, 3 em Santa Catarina, 2 na Bahia, 2 em Minas Gerais e 1 nos estados de Mato Grosso, Rio de Janeiro e Espírito Santo. Como se vê, o maior número de paróquias dedicadas a São Roque está nos estados onde os imigrantes italianos tiveram mais força para influir na escolha do orago de seus bairros ou cidades. Nesse elenco não estão incluídas as capelas e altares dedicados ao santo.

19 • EXPANSÃO DO CULTO

Não posso deixar de fazer menção especial da capela de São Roque, fundada pelos imigrantes italianos da região de Treviso: Batista Belluomo, Ângelo Saconi, Isidoro Lizier e José Brustoloni. A capela foi iniciada em 1894 e solenemente inaugurada a 15 de agosto de 1895. Homenageamos seu primeiro centenário a ser celebrado nos dias 15 e 16 de agosto de 1995. E mais homenagem e destaque merece a mais antiga igreja dedicada a São Roque, da cidade do mesmo nome no estado de São Paulo, que já completou 259 anos. A mais nova cidade dedicada ao santo é São Roque de Minas.

20
A PRIMAZIA DO CULTO COUBE A VENEZA

Podemos afirmar, baseado na história do culto a São Roque, que Montpellier foi a pátria do santo homem Roque e Veneza a pátria de São Roque. Naquela cidade francesa, Roque nasceu e morreu fazendo sua opção radical por Cristo; na Itália ele praticou à risca o mandamento do amor; em Veneza foi o santo que conquistou o coração daquele povo e, por meio dele, dos povos do mundo inteiro. Veneza foi o centro irradiador do culto e da devoção ao peregrino de Deus, ao homem da caridade. O culto de São Roque passou para a religiosidade popular italiana.

O santo já tinha festa incluída no Missal Romano, nas edições venezianas de 1481, 1483,1493 e 1497, sendo sua festa celebrada com muita solenidade a 16 de agosto. No Memorial Franco, diz Fusaro, cuja publicação se pode colocar nos últimos decênios de 1400, a festa já aparece como festa de preceito para

20 • A PRIMAZIA DO CULTO COUBE A VENEZA

a República de Veneza. A festa fazia parte do calendário diocesano.

Em 1628, porém, houve um problema com a Sagrada Congregação dos Ritos que ordenara a abolição da festa de nosso santo por não ser ele canonizado conforme as normas do direito. Pode-se imaginar a consternação do povo, sobretudo dos devotos venezianos. Até o Senado da República interveio, e depois de consultar um abalizado teólogo na pessoa do Dr. Fulgêncio Micanzio, decretando que nada se inovasse no calendário diocesano, permanecendo intacta a festa. Essa atitude do povo e do senado valeu para o ano seguinte a decisão da Sagrada Congregação que permitia a celebração normal da festa nas igrejas onde São Roque já era cultuado. E a esse respeito acrescenta Fusaro: "O próprio Patriarca (título do arcebispo de Veneza) seria levado a rever sua posição diante do culto de São Roque por causa de acontecimentos importantes, como a peste irrompida em 1630, que apavorou todo o mundo. Para conseguir a proteção do céu, o Patriarca Tepolo introduziu preces especiais na igreja de São Roque. O patrocínio do santo foi reconhecido, como se vê de uma pintura

VIDA DE SÃO ROQUE

do artista Prudenti, alusivo à erradicação da peste em Veneza".

Desde então, não houve mais dúvida acerca do culto. Em 1745, o texto próprio para sua festa foi incluído no Proprium da República de Veneza. Seu nome, no catálogo dos santos de Veneza; em 1764, São Roque é declarado padroeiro de Veneza e o Calendário Perpétuo de 1791 fixa para sua morte o ano de 1327.

Foi de Veneza que o culto se propagou para todas as partes, inclusive para o oriente. A igreja de Veneza é a mãe de todas as igrejas a ele dedicadas.

Naquela cidade, em 1748, nasceu a primeira Irmandade sob o título e patrocínio de São Roque, com a finalidade de divulgar a devoção e aperfeiçoar seus membros pela prática da caridade. A Irmandade instalou sua primeira sede junto da igreja de São Samuel, ao lado da capela de São Roque. A igreja definitiva foi construída pela irmandade no Campo de São Roque, em Fari, com início no ano de 1489, sob a direção de Bartolomeu Bon e término em 1508. A abside da atual e célebre igreja de São Roque de Veneza é a original de 1508, sendo, porém, reconstruídas as naves e a fachada no ano 1725. Ao lado fica a suntuosa Escola de São Roque ou sede da Irmandade. Foram membros da Irmandade personalidades como: São Pio X, cardeal Roncalli, os doges e soberanos da República de Veneza.

Na igreja de São Roque de Veneza está a maior parte das relíquias do santo. Monsenhor Fusaro afirma a respeito delas: "Em 1485, a Divina Providência havia disposto que as mais preciosas relíquias de seu corpo fossem transportadas para Veneza". Como, porém, tratou-se de um furto, embora piedoso, creio que Deus nada dispôs a esse respeito... pelo contrário, o mandamento é claro. O fato aconteceu assim: "Em 1845, doze piedosos peregrinos venezianos dirigiram-se em peregrinação a Montpellier para uma novena de prece sobre o túmulo de São Roque. Era tão sincera sua piedade, tão contrito seu aspecto e tão assíduas suas preces ao redor da urna das relíquias que comoveram os cidadãos de Montpellier. Eles, porém, alguns dias depois de sua partida, ficaram tão consternados e desapontados, quando perceberam que aqueles fervorosos peregrinos, ou melhor, aqueles ladinos venezianos haviam furtado, às ocultas,

VIDA DE SÃO ROQUE

a maior parte das relíquias de seu Protetor, desaparecendo rapidamente pelo mar adentro e em vão perseguidos.

O patriarca Mafeu Gerardi, o doge Barbarigo, os confrades da escola e toda a cidade não se continham de alegria e contentamento: Veneza tinha então seu palácio de salvação, o seu Protetor poderoso contra todas as epidemias: São Roque".

Certamente, Roque não se agradou muito desse estratagema empregado por seus devotos de Veneza, pois ele pregara com suas palavras e com o exemplo de sua vida a mais perfeita justiça. Foi com esse intuito que renunciou às terras do Senhorio de Montpellier, distribuindo-as entre os empregados. O papa João XXIII, grande devoto de São Roque, e que foi patriarca em Veneza, fez este comentário sobre o fato: "aqueles famosos peregrinos não foram chamados de 'ladrões', mas de 'piedosos aventureiros', com uma grande dose de ingenuidade e de malícia".

É um fato histórico que as relíquias foram transladadas em 1485, mas como e de onde é impossível afirmar com absoluta certeza, pois há divergências nas narrações do fato.

Além da que relatamos anteriormente, existe esta outra: o monge Mauro, camaldulence, em uma segunda tentativa, conseguiu levar escondidamente as relíquias do Castelo de Voghera, onde se encontravam na Lombardia, para Veneza em 1485. Em 1927, o cardeal-patriarca de Veneza, por ocasião do Quarto Centenário da morte de São Roque, afirmava: "São Roque, que dorme vigiado pela Irmandade de Veneza, foi furtado pelos venezianos aos fiéis de Voghera. O pároco de Voghera pede ao patriarca dos raptores uma bênção e uma adesão para a paz do centenário".

Os sagrados despojos estão, ainda hoje, guardados em rica urna sobre o altar-mor de sua igreja de Veneza e são motivo de orgulho dos venezianos devotos.

21
O SANTO PROTETOR

Para cada necessidade ou circunstância da vida, Deus suscita um anjo protetor. Assim os amigos de Deus, os santos, foram sempre invocados pelos cristãos para que suplicassem à Providência Divina o socorro necessário.

São Roque é invocado, desde sua santa morte, como protetor contra as epidemias que assolaram a humanidade no decorrer dos séculos, bem como em doenças graves particulares. Até então, os santos invocados por ocasião de epidemias e doenças contagiosas eram Santo Antão Abade, São Cristóvão e, de modo particular, São Sebastião. Por causa de sua grande caridade no cuidado dos empestados, Roque tornou-se, por vontade do povo, o Protetor contra as epidemias contagiosas.

A tradição atribui a São Roque a proteção contra os contágios pestíferos, desde o cárcere de Montpellier. Conforme o Códice Belforziano, citado por Fusaro, foi encontrada sob a cabeça do cadáver de Roque uma tabuinha com esta inscrição: "Aqueles que, atingidos pela peste, recorrerem à intercessão do bem--aventurado Roque, predileto de Deus, serão imediatamente libertados". Encontra-se também, na cidade de Anversa, onde São Roque esteve para debelar o mal, um importante e célebre quadro de Rubens que representa Roque como enfermeiro e um anjo que segura uma faixa com a inscrição "Eris in peste Patronus!" (Serás patrono contra a peste).

É conforme a tradição ainda que, na cidade de Constança, na Suíça, durante o Concílio da Igreja, Roque foi invocado e obteve-se a erradicação da peste que atingira também os padres conciliares. Reuniram-se para o Concílio, celebrado entre 1414 e 1418, grande número de cardeais, bispos, arcebispos, teólogos, doutores, chefes de estado e, por fim, o Imperador. Ao serem atingidos pela peste houve grande confusão, quando alguns italianos e franceses propuseram fazer uma procissão penitencial para implorar a proteção de São Roque. Aceita a proposta, iniciaram-se as preces e em um determinado dia os padres conciliares realizaram a procissão peniten-

VIDA DE SÃO ROQUE

cial. E dizem que, não havendo terminado ainda aquele ato público, a peste desapareceu pela intercessão do glorioso São Roque. Livres da epidemia, os padres conciliares puderam concluir a principal tarefa do Concílio que era unificar a Igreja, dividida pelo cisma. Depois da morte de Gregório XI, em 1378, três papas diferentes disputavam a Cátedra de Pedro: o cardeal Pedro de Luna, que se denominou Bento XII; Ângelo Corai, que tomou o nome de Gregório XII; e Baltasar Cossa com o nome de João XXIII. A catolicidade da Igreja foi salva dando legitimidade ao papa eleito, Gregório XII.

Sobre o altar da mais famosa igreja, dedicado ao santo protetor contra as doenças contagiosas – igreja de Veneza –, encontra-se esta inscrição: "Este templo foi levantado em honra de São Roque, tendo ele preservado os habitantes de todas as epidemias e sendo colocadas aqui suas relíquias no ano de 1520". Domingos Martinelli, citado por Fusaro, apresenta o texto de outra inscrição que se acha hoje na sede ou Escola da Irmandade de São Roque de Veneza e proclama a intercessão do santo patrono junto de Deus contra o contágio das epidemias:

21 • O SANTO PROTETOR

"Em 1576, sendo príncipe de Veneza Aloisio Mocenigo, a peste recrudescia em Veneza, persistente e nociva como nunca, devido aos nossos pecados; por toda a parte jaziam por terra cadáveres, marcados com tumores e manchas negras horríveis; nas igrejas sucediam-se os funerais. Por toda a parte havia suspiros, lágrimas e gemidos, o aspecto da cidade era horripilante, os habitantes desvairados se afastavam de seus lares, de sua cidade.

Finalmente, implorada a Virgem Maria e o bem-aventurado Roque, pareceu que o triste e cruel castigo iria terminar em dezembro, uma vez que em março tinha assumido proporções gigantescas, perdendo então de todo sua violência. Naquele espaço de tempo, sendo a Irmandade composta de 400 irmãos, não faltou o empenho, a ordem e a caridade do grande homem Domingos Ferro, presidente da irmandade. Ele quis que tão grande catástrofe fosse registrada nessa lápide votiva e que os pósteros, lendo essa memória votiva, louvassem a Deus e a São Roque pelo grande número de venezianos subtraídos à crueldade da peste e chorassem lágrimas de compaixão".

VIDA DE SÃO ROQUE

E Fusaro conclui: "E os prodígios apareceram em toda a parte em favor não só dos devotos como também dos animais; e ainda hoje, no dia 16 de agosto, costuma-se abençoar os animais domésticos e criações e nos estábulos não falta a imagem de São Roque".

E, aqui no Brasil, mais do que nunca é necessária a proteção de São Roque não só contra as epidemias, mas também sua intercessão para a saúde do povo, tão descuidada pelas autoridades sanitárias do governo. Para muitos pobres a única medicina é a intercessão de São Roque, que, pelo poder de Deus, pode curar e restituir a saúde!

22
SÃO ROQUE E
NOSSA SENHORA

Nossa Senhora e São Roque sempre estiveram juntos; desde o nascimento. Roque nasceu por um voto de sua mãe Líbera à Notre-Dame des Tables, padroeira de Montpellier, até o túmulo que repousa em sua igreja. Piedade filial, devoção profunda, viva e inspirada no seguimento dos exemplos de vida de Maria sempre seguiram Roque. Em sua peregrinação visitava suas igrejas e santuários, ao pé de seus altares passava horas de prece e contemplação. No altar de Nossa Senhora da igreja dos Servos de Maria, em Novara, ele recebeu dela esta mensagem: "Roque, servo de Deus, a tua oração será ouvida". Em um quadro daquela igreja que representa a visão, Roque aparece junto de Nossa Senhora. A iconografia de 1400 a 1600, das antigas igrejas, sobretudo da Itália, é riquíssima, representando sempre o santo junto da Virgem Maria. Monsenhor Florêncio Ro-

VIDA DE SÃO ROQUE

mita, reitor da igreja de São Roque de Roma, afirmava em artigo do jornal *Osservatore Romano*, de 12 de agosto de 1958, que as mais antigas pinturas de São Roque estão unidas à figura da Virgem Maria e que nas igrejas de São Roque, o culto mariano floresce de maneira extraordinária.

De fato, Roque nasceu em um palácio vizinho de uma igreja de Nossa Senhora e em seu amor e piedade foi educado por sua mãe. Naquela mesma igreja recebeu os sacramentos, participava do culto, e depois de rezar diante da imagem de Nossa Senhora partiu como peregrino da caridade para a Itália. Sua morte e culto, celebrados no dia 16 de agosto, estão intimamente ligados a uma das principais festas de Nossa Senhora, sua gloriosa Assunção.

A profunda devoção mariana de nosso santo ilumina seus devotos e os fazem procurar sempre a Cristo por meio de Maria.

23
LENDAS, MITOS E FOLCLORE

A popularidade de São Roque, o culto espontâneo e quase universal, os gestos singulares e extraordinários de sua vida deram fácil ocasião aos Fioretti – florilégio de gestos e sentenças de gosto popular – e às lendas, ricas de tradição, usos e costumes e de ritos folclóricos. É o povo coroando seus heróis santos com a auréola do sagrado, do místico.

A primeira lenda diz respeito a seu bordão de peregrino. Depois de contrair a peste, na cidade de Placência, Roque se dirigiu para um bosque. Extenuado pelo trabalho que tivera com os empestados, e debilitado pela doença, ao chegar perto da cabana que o abrigaria, ficou no chão seu bastão que, imediatamente, se transformou em uma pereira frondosa, que todos os anos carregava de deliciosas peras maduras na véspera de sua festa. O milagre repetiu-se por muitos anos e só cessou quando houve um crime horrendo na cidade. O

VIDA DE SÃO ROQUE

fato de a pereira não amadurecer mais seus frutos na véspera da festa faz parte do místico e representa o castigo de Deus. Há quem afirme que a pereira exista até hoje e é mostrada aos turistas que lá aportam.

Na mesma ocasião e no mesmo lugar, acrescenta a lenda, Roque, atormentado pela sede cruel, implora a misericórdia de Deus e vê, imediatamente, surgir a seus pés uma fonte borbulhante de água, da qual se serviu para matar a sede e lavar suas chagas.

O cão não escapa à auréola mítica com a qual o povo quis honrar seu herói. Depois da água, para sua sobrevivência, era necessário o pão, e este Deus providenciou miraculosamente por intermédio do cão fiel que todos os dias lho levava. Por isso a representação de sua imagem com o cão tendo o pão em sua boca a seus pés. Conforme outra lenda que São Roque teria sido curado por um anjo, a imagem é representada com o anjo a seus pés.

Por ocasião de sua morte em Montpellier, os sinos de todas as igrejas tocaram sozinhos, sinal do agrado de Deus, um milagre que o povo quis que fosse feito em favor de seu he-

23 • LENDAS, MITOS E FOLCLORE

rói. E isso ficou gravado na lenda. Creio que também a tabuinha com a inscrição das palavras que no futuro deveriam ser pronunciadas para livrar as pessoas da peste, e encontrada a sua cabeceira na hora da morte, é uma fixação mítica da intercessão de São Roque em favor de seus devotos curados por ele.

Além das lendas, existem em torno de São Roque usos e atos folclóricos.

Em muitas partes é costume, no dia da festa de São Roque, e também em outras ocasiões, dar-se a bênção aos animais domésticos e de criação para se obter saúde e bem-estar. Na Itália, essa bênção é feita em praça pública, diante da igreja do santo. Isto faz parte do folclore: em Camogli, cidade da Itália, é costume premiar os cães que se destacaram pela fidelidade ou atos de bravura, em plena praça pública. E os provérbios: "Varda, varda, S. Rocco e 'l so can!" – "Veja, veja, São Roque e seu cão", que se costuma dizer quando se encontram duas pessoas sempre e sempre juntas; "bisogna che S. Rocco mola el so can", que se diz quando se trata de remediar grandes males ou resolver graves situações.

VIDA DE SÃO ROQUE

Entre os usos podemos destacar estes:

No Brasil – Doar cabeças de gado para o leilão da festa de São Roque a fim de obter proteção e saúde para o gado; doar galos velhos à festa; são os "galos de São Roque". Vestir manto de peregrino e acompanhar a procissão como ato de penitência. Vestir crianças de anjo, para lembrar o fato dos contínuos colóquios de São Roque com os anjos que lhe indicavam o modo de curar os doentes. No dia da festa, benze-se ainda sal para ser dado aos animais a fim de que São Roque os proteja contra doenças e pestes.

Na Itália – Bênção da água no dia da festa, em memória da fonte miraculosa; na cidade de Pulsano, do dia 1 a 15 de agosto, tocam-se os sinos à tarde, após a devoção a São Roque, em memória dos sinos que tocaram na morte do santo; em Scalzo (Bérgamo), os lavradores dão à igreja de São Roque metade de seu salário em homenagem a sua caridade.

Na Espanha, em Barcelona, benze-se grande quantidade de pães para distribuí-los em memória do pão de São Roque; em Saragoça, os irmãos da Irmandade costumavam levar aos irmãos moribundos, em procissão, uma estátua de São Roque para que obtivessem a graça de uma morte serena e resignada; em outras cidades, convidam-se pobres para um almoço em memória da caridade do santo.

De todas essas lendas, costumes e folclore devemos tirar a lição da caridade de Roque, no exercício da qual ele foi extraordinário discípulo de Cristo, e seguir seu exemplo. Admire as lendas e os mitos, mas siga seus passos no caminho do Evangelho!

24
MENSAGEM DA VIDA
DE SÃO ROQUE

Roque pautou sua vida e sua ação pelas palavras do apóstolo São Paulo: "Sejam fermento, não da malícia e da maldade, mas da verdade, sinceridade e da caridade". A fé vivida com fidelidade no amor fraterno foi a mensagem de sua vida.

A fé levou Roque a descobrir no Evangelho a pessoa de Cristo como única razão de sua vida. A vida, a saúde, os bens só teriam sentido quando iluminados pela luz do Evangelho para se tornarem caminho e meta para possuir Cristo. "Já não sou eu que vivo, é Cristo que vive em mim", podia exclamar com o mesmo apóstolo Paulo. E a consequência foi sua adesão total à Igreja, como sacramento vivo de Cristo, de sua presença no mundo.

Para Roque, o Evangelho não era um sedativo que o fizesse se conformar com o mundo, sua vocação era de profeta para despertar nas consciências a inquietação da Palavra de

Deus a respeito da justiça, do amor. Para ser sinal para os homens de seu tempo, percorre os caminhos da França e Itália dando o exemplo de uma opção total pelo Reino de Deus, praticando a justiça e o amor fraterno.

Falando da mensagem religiosa da vida de São Roque, o papa João XXIII dizia, em 1961: "Um profundo sentido de fé envolve a vida de São Roque e transparece, desde a origem, nas obras e instituições da cidade de Veneza". E acrescenta, referindo-se à mensagem da vida e obra de Roque: "E neste sagrado depósito de memórias, de ilustrações artísticas e obras de beneficências, está o penhor da fidelidade imutável ao que não passa... o Cristo, amado e servido por São Roque na pessoa dos empestados. Este é o caminho seguro que é traçado para vós que quereis percorrer com generosidade e fervor para transmitir aos pósteros a chama do exemplo que recebestes dos antepassados".

A vida de São Roque foi uma página do Evangelho vivida com intensidade!

25
NOVENA DE SÃO ROQUE

ROTEIRO PARA TODOS
OS DIAS DA NOVENA

1. Introdução
Dirigente: Em nome do Pai e do Filho e do Espírito Santo.
Todos: **Amém.**
Dirigente: A graça de nosso Senhor Jesus Cristo, o amor do Pai e a comunhão do Espírito Santo estejam convosco.
Todos: **Bendito seja Deus que nos reuniu no amor de Cristo.**

2. Cântico ao Divino Espírito Santo ou outro apropriado
Envia teu Espírito, Senhor,/ e renova a face da terra. (bis)
Bendize minha alma ao Senhor,/ Senhor, meu Deus, como és tão grande,/ como são numerosas tuas obras, Senhor,/ a terra está cheia de tuas criaturas!

3. Oração preparatória

Dirigente: A Deus Pai por Jesus Cristo, seu amado Filho, sejam dadas honra e glória, na unidade do Espírito da Luz e ao Deus das misericórdias, que glorificou seu filho Roque, toda honra e louvor.

Todos: Glorioso São Roque, alcançai--nos de Deus/ as graças que nos são necessárias/ para vivermos dignamente a vida cristã./ Aumentai em nós a fé, esperança e caridade./ A vosso exemplo, fazei que possamos amar nossos irmãos,/ sobretudo os necessitados e doentes,/ para cumprirmos o mandamento do amor./ Ajudai-nos, ainda,/ em nossas necessidades temporais e espirituais,/ para que possamos chegar um dia à vida eterna. Amém.

4. Preces de louvor a Deus pela vida e virtudes de São Roque

Dirigente: Nós vos louvamos, Deus de bondade, pela vida de vosso servo São Roque.

Todos: Glória a vós, ó Pai, glória a vós, ó Filho, glória a vós, ó Espírito Santo, porque nos destes São Roque como exemplo de homem justo, santo e humano.

VIDA DE SÃO ROQUE

Dirigente: Nós vos louvamos, Deus de bondade, porque ofereceis nossa imitação às virtudes heroicas de São Paulo.

Todos: Glória a vós, ó Pai...

Dirigente: Nós vos louvamos, Deus de bondade, porque nos ensinais com a vida de São Roque a amar nossos irmãos necessitados e doentes.

Todos: Glória a vós, ó Pai...

Dirigente: Nós vos bendizemos, Senhor nosso Deus, porque nos ensinais, pelo exemplo da vida de São Roque, a sermos fiéis aos compromissos do nosso batismo.

Todos: Glória a vós, ó Pai...

Dirigente: Nós vos bendizemos, Senhor nosso Deus, porque nos ensinais, com o exemplo de São Roque, a amar a Igreja e sermos fiéis a sua doutrina.

Todos: Glória a vós, ó Pai...

5. Cântico
("Prova de amor" ou outro apropriado)
Prova de amor maior não há,/ que doar a vida pelo irmão.

6. Leituras
1ª da Palavra de Deus

2ª da vida de São Roque
(próprias para cada dia)
Homilia ou reflexão pelo sacerdote ou dirigente.

7. Preces de súplica a São Roque
(próprias para cada dia)

8. Cântico a São Roque
(incensação do altar, da imagem e do povo)

9. Oração a São Roque
(própria para cada dia)

10. Bênção do Santíssimo ou do sacerdote

11. Avisos e despedida

Nota: Se houver missa, a novena terá esta sequência, a começar logo depois da ação de graças: 3. Oração preparatória; 4. Preces de louvor; 5. Cântico: Prova de amor; 7. Preces de Súplica a São Roque; 8. Cântico a São Roque e incensação; 9. Oração a São Roque; 10. Bênção final.

VIDA DE SÃO ROQUE

1º DIA

6. Leituras
Tema: Palavra de Deus na formação da família.
a) Carta do Apóstolo São Tiago, cap. 1,22-25.
b) Capítulo 3 deste livro: Nascido nobre e rico (primeira parte).
c) Homilia ou reflexão

7. Preces de súplica a São Roque
Dirigente: Tendo compreendido a importância da Palavra de Deus na formação da família cristã, peçamos a Deus que nos dê interesse e constância em seu estudo.

– Para que, a exemplo dos pais de São Roque, João e Líbera, todos os pais cristãos de nossa comunidade possam dedicar-se ao estudo da palavra de Deus e transmiti-la na educação de seus filhos, rezemos...

Todos: Senhor, escutai a nossa prece!

– Para que, a exemplo da família de São Roque, possamos evitar o apego desordenado aos bens materiais, que embrutece nosso coração e nos impede de viver a palavra de Deus, rezemos...

25 • NOVENA DE SÃO ROQUE

– Para que São Roque nos ajude a fugir do comodismo e do respeito humano, que anulam o testemunho da Palavra de Deus, rezemos...

– Para que São Roque nos ajude a conservar a pureza de nossa fé e possamos fugir das superstições e dos erros na doutrina cristã, rezemos...

– Para que alimentemos nossa fé com a leitura diária da Palavra de Deus, rezemos...

– Para que nossa confiança na intercessão de São Roque ajude-nos a chegar mais perto de Cristo, rezemos...

Dirigente: Ó Deus de bondade e de misericórdia, nós vos pedimos, concedei-nos a graça de seguir o exemplo da família de São Roque no amor e respeito à palavra de Deus, para que possamos chegar ao conhecimento de vossa vontade.

Por nosso Senhor Jesus Cristo...

8. Cântico a São Roque e incensação

9. Oração a nosso Padroeiro São Roque

Todos: **Glorioso São Roque, que compreendestes o valor da fé, da esperança e da caridade,/ aumentai em nós essas virtudes/ para que possamos viver sempre me-**

VIDA DE SÃO ROQUE

lhor nossa vida cristã,/ amar sempre mais a Jesus Cristo/e cumprir nossos deveres na família. Amém.

2º DIA

6. Leituras
Tema: Seguimento do chamado de Deus
a)   Evangelho de São Mateus, cap. 19,16-22
b)   Cap. 3 – Nascido nobre e rico
       (segunda parte)
c)   Homilia ou reflexão

7. Preces de súplica a São Roque
Dirigente: Sentindo o apelo de Deus, Roque procura, com toda a vontade e com todo o coração, pôr-se em seguimento de Cristo. Apesar de rico, ele teve a coragem de segui-lo na vocação especial de profeta da caridade e do amor aos irmãos.

– Para que o chamado de Cristo encontre uma resposta positiva em todos os cristãos de hoje, rezemos...

Todos: **Senhor, escutai a nossa prece!**

– Para que os jovens não se recusem a seguir o chamado de Cristo nos serviços da comunidade, rezemos...

– Para que todos, principalmente os jovens, coloquem seus dotes e sua pessoa a serviço dos irmãos mais humildes, pobres e doentes, rezemos...

– Para que os pais favoreçam a seus filhos o atendimento ao chamado de Deus para a vida religiosa e sacerdotal, a fim de que não faltem na Igreja, e em nossa comunidade, os ministros ordenados, rezemos...

– A exemplo de São Roque, que todos os cristãos estejam atentos ao chamado de Cristo e saibam fazer sua opção pelo Evangelho, rezemos...

Dirigente: Senhor, nosso Deus, nós vos pedimos, concedei a todos os cristãos e membros de nossa comunidade a graça de serem fiéis ao chamado de Cristo e que todos possam colocar suas forças generosamente em seu seguimento.

Por nosso Senhor Jesus Cristo...

8. Cântico a São Roque e incensação

9. Oração a nosso Padroeiro, São Roque

Dirigente: Glorioso São Roque, que para ser fiel ao chamado de Cristo,/ sacrificastes

VIDA DE SÃO ROQUE

as riquezas, as honras,/ a saúde e os talentos na prática da caridade fraterna,/ fazei que, a vosso exemplo,/ nós também saibamos querer bem a todos os nossos irmãos,/ principalmente os que sofrem. Amém.

3º DIA

6. Leituras
Tema: Compromisso com a Igreja
a) Atos dos Apóstolos, cap. 2,44-47
b) Capítulo 11 deste livro: Roma, meta de sua fé
c) Homilia ou reflexão

7. Preces de súplica a São Roque
Dirigente: Nosso compromisso com a Igreja começa com nosso batismo e deve crescer sempre mais em nossa vida. Peçamos a Deus a graça de poder desenvolvê-lo sempre mais com atos de apostolado em nossa comunidade.

Dirigente: Para que a Igreja seja para todos nós sinal da presença de Cristo e esperança de renovação da sociedade, rezemos...

Todos: **Fazei crescer em nós, Senhor, o espírito comunitário.**

– Para que a nossa comunidade cresça no amor, na esperança e na fé em Jesus Cristo nosso Salvador, rezemos...

– Para que haja um compromisso pessoal de cada um de nós em favor da evangelização e adesão dos cristãos à Igreja, rezemos...

– Para que São Roque alcance de Deus a graça de sermos fiéis ao nosso compromisso de fé e de respeito à doutrina de Jesus Cristo, rezemos...

– Para que nosso compromisso com a Igreja nos faça disponíveis, a exemplo de São Roque, para ajudar nossos irmãos mais necessitados, rezemos...

– Para que, seguindo seu exemplo, possamos nos dedicar aos cuidados dos doentes, rezemos...

Dirigente: Senhor, conscientes de nosso compromisso com a Igreja de Cristo, nós vos pedimos a graça de sermos fiéis a ele, vivendo com intensidade o amor fraterno em nossa comunidade.

Por nosso Senhor Jesus Cristo...

8. Cântico a São Roque e incensação

9. Oração a nosso Padroeiro, São Roque
Todos: Glorioso São Roque, que amastes a Igreja/ e tudo fizestes para que ela fosse o sinal da presença de Cristo/ au-

VIDA DE SÃO ROQUE

mentai em nós a fidelidade a mesma Igreja,/ para que possamos dar testemunho de Cristo/ em nossa vida familiar e comunitária. Amém.

4º DIA

6. Leituras
Tema: Desprezo das riquezas
a) Atos dos Apóstolos, cap. 2,42-47
b) Capítulo 5 deste livro: O Peregrino de Deus
c) Homilia ou reflexão

7. Preces de súplica a São Roque
Dirigente: Tendo refletido no exemplo de São Roque, que se despojou de seus bens para servir os pobres, peçamos a Deus que nos conceda a graça de fazemos bom uso de nossos bens e possamos ajudar os necessitados.

– Para que Deus nos conceda a graça de usarmos os bens materiais sem egoísmo e sem apego, rezemos...

Todos: **Senhor, escutai a nossa prece!**

– Para que tenhamos a generosidade de São Roque, empregando nossos bens em favor dos necessitados e doentes, rezemos...

25 • NOVENA DE SÃO ROQUE

– Para que em nossa comunidade não falte a solidariedade cristã de mútua ajuda em favor dos pobres ou dos que temporariamente sofrem necessidade de pão, rezemos...

– Para que não nos deixemos escravizar pelos bens materiais, a tal ponto de cometer injustiça contra nossos irmãos, rezemos...

– Para que cresça sempre mais em nossa comunidade a preocupação com os pobres e haja esforço conjugado no sentido de se promover o bem-estar de todos, rezemos...

Dirigente: Ó Deus que inspirastes São Roque a renunciar seus bens e se colocar a serviço dos pobres doentes para conseguir a perfeição cristã, nós vos pedimos que a seu exemplo, possamos também ajudar nossos irmãos mais necessitados da comunidade.

Por nosso Senhor Jesus Cristo...

8. Cântico a São Roque e incensação

9. Oração a nosso Padroeiro, São Roque

Todos: Glorioso São Roque, que desprezando as riquezas e vaidades deste mundo/ dedicastes vossa vida aos flagelados da peste,/ ensinai-nos a ter o mesmo desapego,/ para que possamos ajudar nossos irmãos doentes, pobres e abandonados. Amém.

VIDA DE SÃO ROQUE

5º DIA

6. Leituras
Tema: Simplicidade evangélica
a) Carta de São Paulo aos Colossenses, cap. 3,9-10; 12-13
b) Capítulo 6 – A caminho de Roma
c) Homilia ou reflexão

7. Preces de súplica a São Roque
Dirigente: Cristo nos ensina que a simplicidade evangélica é necessária para a conquista do reino de Deus. Peçamos a Deus, por intercessão de seu servo São Roque, que afaste de nós o orgulho, o egoísmo e a vaidade, que corrompem o espírito evangélico da simplicidade.

– Para que, imitando o exemplo de São Roque, procuremos tratar nossos irmãos na comunidade com simplicidade e bondade, rezemos...

Todos: Senhor, escutai a nossa prece!

– Para que saibamos, como São Roque, consolar e ajudar os doentes, mendigos, abandonados, enfim, todos os que sofrem, sem mostrar irritação, rezemos...

– Para que aprendamos a respeitar as pessoas que têm menos cultura e são mais pobres e humildes, rezemos...

25 • *NOVENA DE SÃO ROQUE*

– Para que o orgulho não nos leve a desprezar ninguém da comunidade e saibamos perdoar sem guardar ressentimento, rezemos...

Dirigente: Ó Pai de bondade, concedei-nos a graça da humildade e da simplicidade para que, a exemplo de São Roque, possamos superar o orgulho e tratar nossos irmãos com justiça e caridade.

Por nosso Senhor Jesus Cristo...

8. Cântico a São Roque e incensação

9. Oração a nosso Padroeiro, São Roque
Todos: **Glorioso São Roque,/ atingido pela peste, sofrestes toda sorte de tribulações e sofrimentos,/ abandono e desprezo,/ concedei-nos vossa fortaleza e resignação nas provações da doença e da pobreza,/ para vivermos com simplicidade nossa fé. Amém.**

6º DIA

6. Leituras
Tema: Serviço dos pobres
a) Parábola do Bom Samaritano, Ev. de São Lucas, cap. 10,30-37

b) Capítulo 8 deste livro: O Bom Samaritano
c) Homilia ou reflexão

7. Preces de súplica a São Roque

Dirigente: A caridade é o centro da mensagem cristã. No Evangelho, Cristo nos ensina a amar nossos irmãos por palavra e por atos; por isso, peçamos a Deus, por intercessão de São Roque, a graça da verdadeira caridade.

– Para que aprendamos dos exemplos da vida de São Roque a dar preferência à prática da caridade, rezemos...

Todos: **Senhor, escutai a nossa prece!**

– Para que nosso amor se estenda a todas as pessoas de nossa comunidade, sem distinção de classes, e assim possamos colaborar para seu crescimento interior, rezemos...

– Para que o serviço da caridade em nossa comunidade não se torne deficiente por causa de nossa omissão, rezemos...

– Para que, a exemplo de São Roque, tenhamos a coragem de visitar, amparar e socorrer os pobres, os doentes, sobretudo aqueles que não têm ninguém por eles, rezemos...

– Para que nenhum membro de nossa comunidade se omita nos cuidados de doentes

contagiosos ou discriminados por preconcei-
tos, rezemos...

Dirigente: Ó Deus de misericórdia, fazei
que nossa comunidade possa imitar aquela caridade que levou São Roque a tratar
dos doentes contagiados pela peste negra,
e assim levar conforto e fé a nossos pobres
doentes.

Por nosso Senhor Jesus Cristo...

8. Cântico a São Roque e incensação

9. Oração a nosso Padroeiro, São Roque:
*(Oração composta pelo cardeal Ângelo
Roncalli – João XXII)*
Todos: **Ó glorioso São Roque,/ que durante as calamidades públicas e particu-
lares/ manifestastes vossa eficaz proteção
contra as epidemias,/ nós vos pedimos que
lanceis vosso olhar sobre nós e nossas famílias,/ sobre nossa paróquia e nossa cidade,/
para que sempre fiquemos livres de todo
flagelo e doença contagiosa,/ sobretudo do
pecado,/ e assim, depois de termos procurado nesta vida/ amar e servir a Deus,/ mereçamos por vossa intercessão/ poder gozar**

VIDA DE SÃO ROQUE

convosco do prêmio celeste por toda a eternidade./ Assim seja.

7º DIA

6. Leituras
Tema: Desprendimento e partilha de si
a) Primeira Carta de São Paulo aos Coríntios, cap. 9,16-23
b) Capítulo 9 ou 10 deste livro: Tratando dos flagelados
c) Homilia ou reflexão

7. Preces de súplica a São Roque
Dirigente: A vida de São Roque é uma contínua prova de desprendimento e doação de si mesmo aos irmãos. Esse foi seu carisma, sua vocação: partilhar seus bens e doar sua própria pessoa em favor dos doentes. Peçamos a Deus, por sua intercessão, poder aprender essa lição de vida cristã.

– Para que o orgulho não nos prenda dentro dos limites do egoísmo, mas que possamos superá-lo e abrir nosso coração aos irmãos, rezemos...

Todos: **Senhor, escutai a nossa prece!**

25 • NOVENA DE SÃO ROQUE

– Para que possamos, a exemplo de São Roque, começar a partilhar nossos dons, trabalho e pessoa, dentro de nossa própria família, rezemos...

– Para que o dom e partilha de nós mesmos na família e na comunidade seja uma consequência de nossa fé e amor a Cristo, rezemos...

– Para que não descuidemos de meditar a palavra de Deus, que é luz e força para o desprendimento e partilha dos bens e de nossa pessoa, rezemos...

– Para que não nos descuidemos da prece diária, sem a qual não poderemos vencer as barreiras do egoísmo, que nos impedem de viver o amor fraterno, rezemos...

– Para que sejamos generosos em nos colocar à disposição dos diversos ministérios de nossa comunidade, e dar nossa contribuição pessoal no serviço dos doentes, das crianças, dos jovens e dos idosos, rezemos...

Dirigente*:* Ó Deus de bondade, que destes a São Roque vocação e graça para desprender-se dos bens e doar sua pessoa em favor dos pobres doentes, concedei-nos, por sua intercessão, a graça de nos dedicar de corpo

VIDA DE SÃO ROQUE

e alma ao bem de nossa família e de nossa comunidade.

Por nosso Senhor Jesus Cristo...

8. Cântico a São Roque e incensação

9. Oração a nosso Padroeiro, São Roque

Todos: **Glorioso São Roque,/ cuja desinteressada dedicação para com os doentes/ Deus recompensou com curas miraculosas,/ compadecei-vos também de nós/ e livrai-nos das doenças infecciosas./ Concedei-nos, ainda, a graça de imitarmos vosso exemplo/ de desprendimento e doação dentro de nossa casa/ e nos diversos ministérios e serviços de nossa comunidade. Amém.**

8º DIA

6. Leituras

Tema: Fidelidade aos compromissos do batismo

a)   Carta de São Paulo aos Colossenses, cap. 2,6-8; 12-13

b)   Capítulo 12 deste livro: Deus pede mais uma prova de amor

c)   Homilia ou reflexão

7. Preces de súplica a São Roque

Dirigente: A vida de São Roque foi o resultado de seu compromisso batismal. Ele foi fiel a sua vocação de profeta da caridade em um tempo em que predominava o egoísmo. Peçamos a Deus, por sua intercessão, que nós também consigamos viver os compromissos de nosso batismo na família e na comunidade.

– Para que São Roque ajude-nos a sermos fiéis aos compromissos de nosso batismo e de nossa fé, rezemos...

Todos: **Senhor, escutai a nossa prece!**

– Para que, incentivados por São Roque, nós também ajudemos nossos irmãos na caminhada difícil do compromisso batismal e de fé, rezemos...

– Para que nosso compromisso batismal leve-nos a trabalhar pela justiça entre operários e patrões, rezemos...

– Para que as exigências de nosso batismo levem-nos a trabalhar pelos cristãos que vivem afastados da Igreja, rezemos...

– Para que o exemplo de São Roque leve-nos a trabalhar nos diversos setores da pastoral de nossa comunidade, rezemos...

VIDA DE SÃO ROQUE

– Para que São Roque ajude-nos a viver a vida nova de amor a Deus e aos irmãos, que brota do batismo, rezemos...

Dirigente: Ó Deus de misericórdia, concedei-nos, nós vos pedimos, por intercessão de São Roque, a graça de vivermos com fidelidade os compromissos de nosso batismo, que se resumem no mandamento do amor a Deus e aos irmãos. Que nossa fidelidade ao Evangelho e a Cristo permaneça intacta também nos sofrimentos, na doença e na pobreza.

Por nosso Senhor Jesus Cristo...

8. Cântico a São Roque e incensação

9. Oração a nosso Padroeiro São Roque

Todos: **Ó glorioso São Roque, que fostes tão corajoso/ em viver como cristão comprometido no meio de uma sociedade corrupta,/ alcançai-nos de Deus a graça de termos coragem de testemunhar,/ por nossas palavras e ações,/ aquelas verdades que professamos em nosso batismo. Amém.**

25 • NOVENA DE SÃO ROQUE

9º DIA

6. Leituras
Tema: Confiança na Mãe de Deus
a)   Evangelho de São João, cap. 19,28-30
b)   Capítulo 22 deste livro: São Roque e Nossa Senhora
c)   Homilia e reflexão

7. Preces de súplica a São Roque
Dirigente: São Roque herdou da família grande amor e veneração por Maria, a Mãe de Deus. Com ele, entoemos fervorosos louvores e súplicas a Deus Pai porque escolheu Maria para Mãe de seu Filho e quis que ela fosse celebrada por todas as gerações. Peçamos confiantes:

Todos: Cheia de graça, intercedei por nós!

– Desde criança, São Roque aprendeu a confiar na misericórdia de Maria e a ela confiou sua vida cristã. Confiemos com ele em Maria e peçamos:

Todos: Cheia de graça, intercedei por nós!

– Meditando na vida de Maria, São Roque aprendeu amar a palavra de Deus e fez dela o alimento de sua vida cristã. Com ele peçamos:

VIDA DE SÃO ROQUE

Todos: **Cheia de graça, intercedei por nós!**
– São Roque depôs aos pés do altar de Maria suas preces em favor dos flagelados da peste e por ela conseguiu cuidar deles e a muitos milagrosamente curar. Com ele, peçamos pelos enfermos de nossa comunidade:

Todos: **Cheia de graça, intercedei por nós!**
– Celebrando seu servo Roque, peçamos a Maria que nos conceda suas graças para sermos fiéis aos nossos deveres cristãos e com ele digamos:

Todos: **Cheia de graça, intercedei por nós!**
– Unindo a festa de São Roque com a da Mãe de Deus, louvemos o Senhor pelas graças concedidas à Mãe de Deus em favor da comunidade cristã. E com ele peçamos:

Todos: **Cheia de graça, intercedei por nós!**
Dirigente: Senhor do céu e da terra, que colocastes Maria como Rainha a vossa direita, concedei que mereçamos partilhar com ela e com seu servo Roque da mesma glória.

Por nosso Senhor Jesus Cristo...

8. Cântico a São Roque e incensação

9. Oração a nosso Padroeiro São Roque
(do papa João XXIII)

Todos: Ó glorioso São Roque,/ que durante as calamidades públicas e particulares/ manifestastes vossa eficaz proteção contra as epidemias,/ nós vos pedimos que lanceis vosso olhar sobre nós e nossas famílias,/ sobre nossa paróquia e nossa cidade,/ para que sempre fiquemos livres de todo flagelo das doenças contagiosas,/ mas sobretudo do pecado,/ e assim, depois de termos procurado nesta vida/ amar e servir a Deus,/ mereçamos por vossa intercessão/ poder gozar convosco do prêmio celeste por toda a eternidade./ Amém.

26
HINOS A SÃO ROQUE

1. Hino da igreja de São Roque, em Aparecida, SP

Letra e música: Pe. R. Pelaquim, redento-rista; e Pe. Lauro Palu, lazarista

1. Ó São Roque glorioso,
   peregrino caridoso,
   dos irmãos consolador;
   vós o Cristo procurastes
   e no próximo o encontrastes
   sempre oculto em meio à dor.
2. Vosso exemplo ensinou
   o que Cristo ordenou:
   as riquezas desprezar,
   aos que sofrem dar alento,
   mitigar o sofrimento
   para nosso irmão salvar.
3. Ó São Roque, sim, valei-nos!
   Neste mundo protegei-nos
   da doença, do pecado.
   Vossa vida imitando,

nós iremos alcançando
a mansão do Deus amado.

2. Hino da igreja de São Roque, da cidade de São Roque, SP

Lá no alto um olhar nos envia
Ó São Roque, de amor e conforto;
Nossas preces, por meio de Maria,
Oferece a Jesus Redentor
1. De fidalga e ilustre família
Tu nasceste, varão glorioso
Mas a Deus prontamente te humilhas
Desprezando um porvir luminoso.
2. Montpellier tu deixaste um dia,
Em demanda de Roma partindo;
Pobrezinho, humilde e sem guia
Contemplavas tua terra sumindo.
3. Peregrino indigente te fazes,
Olhos fixos na cruz de Jesus;
Que teus servos, amigos e sequazes
Do calvário na senda conduz.
4. Os doentes da peste assistindo,
Tu contrais o mal doloroso...
Do consórcio dos homens fugindo,
Te esqueces em ermo silvoso.

VIDA DE SÃO ROQUE

5. Com amor o Senhor te visita
Apontando naquela mansão
À tua alma humilhada e aflita
Os segredos de seu coração.
6. Regressando à pátria querida,
Alvo és de injustiça e prisão;
Com tais provas o senhor te convida
A ingressar na celeste mansão.
7. Confortado da graça divina,
Tua alma se eleva aos céus...
Luz celeste a prisão ilumina
Revelando os desígnios de Deus.

3. Hino cantado na igreja de São Roque, município de Tietê, SP

1. Ó São Roque, eterno amigo
de quem sofre, de quem pena.
Imploramos assistência,
neste exílio e no penar.
Dos favores que nos alcança
do bom pai que todos amam.
2. Sobre teus devotos chama
fé, saúde, honrado pão.
Do trabalho que nos alcança
copioso seja o fruto.

A doença traz o luto,
de quem vive no suor.

4. Hino a São Roque, cantado na cidade de São Roque-SP

1. Ó São Roque glorioso,
nosso amado Protetor.
A vós Santo milagroso,
sempre devemos louvar.
Ó São Roque,
alcançai-nos santa bênção
junto a Deus Nosso Senhor.
Atendei a nossa prece
pelo vosso puro amor.
2. Peregrino nesta terra,
viva imagem do Senhor.
Pai dos pobres e aflitos,
vítima do puro amor.
3. Sede sempre nosso Santo
Poderoso Protetor
que conduz os seus devotos
pelas sendas do Senhor.

Fontes consultadas

San Rocco nella storia, nella tradizione, nel culto, nell'arte, nel folklore ed a Venezia, de Mons. Ermenegilo Fusaro, 5.ed., 1991.

Tipografia Artigianelli. Veneza, Itália.

Por sua vez, Mons. Fusaro cita na bibliografia 40 autores que escreveram sobre São Roque, entre os quais três são franceses, por ele consultados.

Enciclopédia Brasileira Globo, 15.ed., Porto Alegre, 1977.

Der Grosse Herder. Ed. Herder, 1934.

Dictionnaire de Théologie Catholique, Tomo I, parte Ia. Paris, 1930.

ÍNDICE

Apresentação 3

1. Perfil histórico 5
2. Montpellier, sua cidade natal 9
3. Nascido nobre e rico 11
4. Situação da Igreja em 1300 15
5. O peregrino de Deus 19
6. A caminho de Roma 23
7. A peste negra assusta Roque 27
8. O Bom Samaritano 30
9. Tratando dos flagelados
   de Acquapendente 33
10. Em Cesena e Rimini 38
11. Roma, meta de sua fé 42
12. Deus pede mais uma prova de amor 48
13. A grande prova 51
14. Conversão de Gotardo Pallastrelli 54

15. A caminho da pátria 58

16. Preso e encarcerado por seu tio 62

17. Morte de Roque 66

18. Proclamado Santo pelo povo 69

19. Expansão do culto 72

20. A primazia do culto coube a Veneza 76

21. O Santo Protetor 82

22. São Roque e Nossa Senhora 87

23. Lendas, mitos e folclore 89

24. Mensagem da vida de São Roque 94

25. Novena de São Roque 96

26. Hinos a São Roque 120

Fontes consultadas 124

A marca FSC® é a garantia de que a madeira utilizada na fabricação do papel deste livro provém de florestas que foram gerenciadas de maneira ambientalmente correta, socialmente justa e economicamente viável.

Este livro foi composto com as famílias tipográficas Chaparral e Times New Roman e impresso em papel Offset 75g/m² pela **Gráfica Santuário.**